酒店服务员
应该这样做

易 钟 ◎著

北京大学出版社

图书在版编目(CIP)数据

酒店服务员应该这样做 / 易钟著 . —北京：北京大学出版社，2014.9
ISBN 978-7-301-24705-1

Ⅰ . ①酒… Ⅱ . ①易… Ⅲ . ①饭店—商业服务—基本知识 Ⅳ . ① F719.2

中国版本图书馆 CIP 数据核字（2014）第 198306 号

书　　　　名：	酒店服务员应该这样做
著作责任者：	易　钟　著
责 任 编 辑：	刘　维　李淑华
标 准 书 号：	ISBN 978-7-301-24705-1/F · 4029
出 版 发 行：	北京大学出版社
地　　　　址：	北京市海淀区成府路 205 号　100871
网　　　　址：	http://www.pup.cn　新浪官方微博：@北京大学出版社
电 子 信 箱：	hzghbooks@163.com
电　　　　话：	邮购部 62752015　　发行部 62750672
	编辑部 65913539　　出版部 62754962
印　刷　者：	北京雁林吉兆印刷有限公司
经　销　者：	新华书店
	787 毫米 × 1092 毫米　16 开本　12.25 印张　133 千字
	2014 年 9 月第 1 版　2014 年 9 月第 1 次印刷
定　　　　价：	32.00 元

未经许可，不得以任何方式复制或抄袭本书之部分或全部内容。
版权所有，侵权必究
举报电话：010-62752024　电子信箱：fd@pup.pku.edu.cn

目 录
CONTENTS

序　　　酒店服务员，你准备好了吗　/V

第①章　在与顾客接触的第一时间建立良好的沟通

1　包厢已满，但是顾客不愿意坐在大厅等候　/3
2　赢得首次光临的新顾客的信任　/7
3　让经常光临的老顾客感到开心　/9
4　顾客很喜欢酒店的环境，但是同行的朋友觉得一般　/12
5　预测顾客的需求，赢得他们的好感　/15
6　面对我们的热情，顾客反应冷淡　/18
7　豪华的房间嫌贵，推荐实惠的特价房顾客又顾虑质量　/20
8　适度的语调和音量让顾客感到舒服　/23
9　将否定语换成温和的肯定语　/25
10　与顾客的交流要把握尺度，不清楚的不要乱说　/28
11　得体的赞美拉近与顾客的距离　/31
12　顾客走在前面，需要超越时要注意什么　/33

第 2 章 服务过程中，不放过绝佳的销售机会

1　当顾客漫无目的地翻阅菜单时　/39
2　顾客要求酒店在节日期间打折　/42
3　帮我们加几道菜吧，你看加什么合适　/45
4　顾客拿到菜单后仔细浏览，精挑细选　/48
5　用心记住顾客的喜好，提供周到服务　/51
6　超越顾客的期望值，给他们意外的惊喜　/54
7　顾客点了一道菜，但是本店没有　/56
8　当饭桌上的菜品所剩无几的时候　/60

第 3 章 巧妙化解顾客的不满情绪，制造融洽气氛

1　夫妻或情侣在点菜时，发生分歧甚至是不愉快　/65
2　顾客觉得某道菜没有做好，要求退菜　/69
3　住这样的房间，对我来说是一种煎熬　/72
4　餐具本来是新的，但是顾客要求更换　/75
5　我经常吃这道菜，感觉你们这道菜味道不正　/77
6　同样的菜，怎么你们比其他的酒店都贵　/80
7　半个小时过去了，怎么菜还没有上来　/83
8　菜还没怎么吃，你们就上主食了　/85
9　顾客要求介绍某道菜的原料及制作方法　/87
10　这道菜不是我们点的，您上错了　/90
11　这道菜里面居然有头发，太不卫生了　/93
12　顾客抱怨某道菜太咸或者太淡了　/96

目录

第 4 章 对待特殊顾客，个性化服务更贴心

1. 顾客没有按预定时间前来用餐 /101
2. 来用餐的顾客中有带着孩子前来的 /104
3. 遇到心情不好的顾客怎么办 /106
4. 随行的顾客当中有老人 /109
5. 有感冒的病人前来用餐 /112
6. 更好地为外地顾客推荐酒水和菜品 /115
7. 顾客朋友聚会，时间很晚了还没有要走的意思 /117
8. 提着贵重物品前来用餐的顾客 /120
9. 与投诉的顾客也可以建立良好关系 /123

第 5 章 真诚服务，化解意外的尴尬与纠纷

1. 顾客要求服务员喝酒，拒绝还是从命 /129
2. 顾客不小心损坏了餐厅的物品 /131
3. 顾客不小心弄脏了床单 /134
4. 顾客把洗手盅的水喝了，怎么办 /137
5. 地面光滑，顾客摔倒了要求赔偿 /140
6. 顾客不小心碰翻了咖啡等饮品 /142
7. 上菜时不小心洒到了顾客的衣服上 /145
8. 顾客与顾客相互争吵打架 /148
9. 与顾客谈话时，突然打喷嚏或咳嗽 /152
10. 误将顾客的东西当作废弃物丢掉了 /155
11. 顾客提出的问题自己不清楚时，怎么回答 /157

第6章 结账,并不意味着服务的结束

1 我经常光顾你们酒店,这次能不能给打个折 /163
2 结账单出现错误,顾客不愿付账 /166
3 顾客离开酒店后返回,说物品有遗失 /169
4 结账时顾客没有带够现金 /172
5 顾客刷卡时发现是无效卡 /175
6 结账时发现假币,如何解决 /178
7 顾客要求多开发票,应该怎么应对 /180

结语 /185

序 PREFACE

酒店服务员,你准备好了吗

你想成为一名优秀的、专业素质过硬的酒店服务员吗?

那么,你得先了解做一名好的酒店服务员应该把自己摆在什么位置上。作为一名长期的服务行业的从业者,我总结了三大方面:第一,对产品,我们是销售员和质检员;第二,对顾客,我们是勤务员和引导员;第三,对酒店,我们是宣传员和信息员。

只要真正地做到这三点,我们就是最优秀的服务员了。那么,让我们就这三点来说说其中的缘由。

首先,对酒店产品,我们是销售员和质检员。

以前很多服务员跟我诉苦,说如果酒店餐厅后厨做的饭菜不好吃,顾客就要直接训斥我们,我们觉得好冤枉啊,这明明是厨师的错,为何挨骂的是我们?

其实，请这些服务员们不要觉得委屈。我们从职业的角度来看，服务员就是用来"骂"的，这么说完全是从职业角色的角度出发，是有其道理的。我们知道，厨房是一个酒店餐厅的"生产车间"，顾客需要的所有"零部件"都由这个"生产车间"来生产完成，如果后厨没有按照顾客的要求去生产产品，顾客势必会很不高兴。

但是，酒店餐厅后厨整天都待在厨房，不可能直接接触到顾客，后厨如何才能知道顾客的需求呢？如果厨师做的菜不好吃，顾客应该向谁来申诉？所以，之间必须得有一个中间人成为生产和消费间的环节，而这个中间人就是酒店服务员。酒店服务员负责向顾客推销餐厅后厨的菜，还要负责反馈后厨的菜是否符合顾客的要求。

在检验酒店餐厅厨房的菜时，我们经常会说"五不取"，即菜肴分量不足不取；盛菜器皿不洁不取；热菜温度不够不取；配料不齐不取；颜色不正不取。从产品的"五不取"当中，你是不是可以感觉到，酒店服务员在餐厅不正是后厨的质检者吗？

其次，对顾客，我们还是勤务员和引导员。

服务员应该如何对待顾客？服务员在顾客面前应该扮演什么样的角色？

其实，不管顾客让我们做什么事情，我们都要做他的勤务员。所谓勤务员就要善于引导客人、帮助客人，也就是我们常说的五勤：眼勤、耳勤、手勤、嘴勤、腿勤。那么，这五勤你有没有做到呢？

做顾客的引导员，比如：在酒店餐厅，顾客不了解酒店的饭菜，服务员就要主动为顾客引导介绍饭菜的特色。当然，在介绍的时候，你要先了解顾客的饮

序
酒店服务员,你准备好了吗

食习惯,这样才能更好地为顾客介绍喜欢的饭菜。比如,服务员一听顾客的口音像是湖南那边的,就要顺便问一句,说:"您好,您倾向于吃辣的吧?"顾客说:"是的,我喜欢吃辣的。"那么你就要挑一些好吃的、辣的菜介绍给顾客了。

最后,对酒店,我们还是宣传员和信息员。

一个酒店的形象是否良好,主要表现在服务员身上,因为服务员要向顾客传递酒店信息,并且还代表酒店的形象。我们酒店的一些产品信息、菜肴信息,甚至关于酒店的一些知识(酒店文化、酒店历史等),都需要通过服务员向顾客们传递。反过来,一个酒店是否能够了解顾客的反馈意见,也得靠服务员去收集顾客的信息,并通过跟顾客交流,总结出顾客的特点与需求。比如,客户最近有没有提出新的消费要求,客人的习惯是什么,客人的爱好是什么,客人最感兴趣的酒店活动都有哪些,等等。老顾客、新顾客的客户信息,你有没有收集过?客人反馈的意见你有没有跟你的领导反映过?所有这些关于客人的信息,客人提出的建议和反馈意见,都是服务员需要为酒店收集的客户信息。

所以,服务员是酒店的信息的传递者。得到一种信息,你有没有向你的客户及时传递,有没有向酒店同事和上级反馈,这些都在检验着我们是不是一名称职的优秀的服务员。因为,不要忘了,我们既是酒店的宣传员也是信息员。

不妨思考一下,以上这三点我们都做得如何呢?

第 1 章
CHAPTER 1

在与顾客接触的第一时间建立良好的沟通

服务员与顾客之间,要经历从陌生到熟悉的关系变化过程。所以,在双方接触的第一时间建立良好的沟通效果,是酒店服务员必须要学会并做到的一件事。因为酒店服务员给顾客的第一印象,往往会成为酒店给顾客的第一印象。

第1章
在与顾客接触的第一时间建立良好的沟通

 包厢已满,但是顾客不愿意坐在大厅等候

餐厅包厢已经被订完,此时几位顾客兴高采烈地走进餐厅,上来就说:"我们要一个包厢,六人的。"

服务员李丽上前招待客人,一听要包厢,心里立刻盘算着,又有一个难题要处理了。她只好对客人解释说:"对不起,包厢已经被订完了。"

客人:"什么?被订完了?那怎么办啊?总不能让我们站着吃吧?"

李丽:"实在不好意思,要不您几位先在大厅等候,如果有空包厢,我马上告诉您,好吗?"

客人似乎没有耐心,摇头说:"凭什么啊,我们是来消费的。我们不等,你赶快去给我们安排包厢。我们又不是付不起钱。"

李丽:"先生,真的对不起,包厢被订完了,现在真的没办法帮您安排包厢。"

酒店服务员应该这样做

问题解析

一般来包厢用餐的客人，除了用餐之外，还有一个重要的消费目的，那就是做东的客人要安排好他的朋友。这个时候，如果没有包厢，还遇到服务人员不给面子，他就会很生气，因为这会让他在朋友面前难堪。

对于这些问题，如果服务人员没办法立刻帮顾客解决，还针锋相对地跟顾客解释太多，那么顾客势必会不高兴，因为顾客的朋友还在一旁等着这个问题能有一个满意答复。

应对策略

对于酒店而言，服务好每一位顾客才算得上是合格的服务态度。如果一位顾客带着一群朋友来酒店消费，却发现没有包厢，酒店服务人员的服务态度也很生硬，很可能除了这位顾客以后不会选择来这家酒店消费之外，顾客的那几个朋友也不会选择来这家酒店了。所以，如果在包厢问题上没能满足顾客，服务人员就要尽量让顾客感受到酒店的诚意，同时也要妥善地想出一个办法，让顾客接受你的安排。

此时的服务人员应该尽快端来茶水，或者其他小吃，先让顾客有"事情"做，这样顾客才会觉得服务人员在为他们"紧张"，就会放松下来。另外，服务人员要花更多时间在顾客的朋友们身上，目的是让顾客在他的朋友面前有足够的面子。

第 1 章
在与顾客接触的第一时间建立良好的沟通

当然,在条件允许的情况下,酒店要提前准备一些礼品,专门用来应付这种状况。因为顾客一旦收到免费赠送的礼品,心里多少会觉得舒畅一点。还有,如果酒店够大,经常有其他活动在举行,服务人员可以结合其他活动来缓解顾客的焦虑情绪,让顾客有耐心留下来等待包厢空余出来。

话术模块

模块1:"先生您好!哎呀,真不凑巧,现在没有空余的包厢了。您要是早来点儿就好了,或者给我们打电话预订也行啊。只要您在电话里说要给您留着包厢,天塌下来我们都会给您留着的。很可惜啊,您今天还带了朋友来,是吧?(说完,转过去对顾客的朋友说)各位先生,你们来晚了一步,对不住您几位了。来,几位先在大厅吃点小吃,喝点茶,聊聊天,等会儿就有空包厢了。好吗?来,请跟我到这边来。"

模块2:"先生们好!请问有什么可以帮到你们的吗?——包厢?哎呀,实在抱歉,今天人特别多,已经没有空余的包厢了。要不我再去给您问一遍,看哪个包厢快用完餐了,我就及时通知您。有劳您几位先在大厅坐下,我马上回来向你们说明现在的包厢情况。"在询问包厢情况的时候,服务员要显出特别紧张的样子,让顾客觉得服务员在为包厢的事情着急,给足顾客面子。顾客在大厅坐下后,另外的服务员要端上小吃,免费让顾客品尝。

询问完包厢的情况后,服务员向顾客"报告"情况时,要带有歉意,"先生,我刚才去问了一圈,最快的一个包厢还有二十分钟就可以空出来了,要不您几位先吃着小吃，垫一垫肚子，二十分钟很快就过去了，一有空包厢，我立刻就来安排您几位就餐。真是抱歉，要让您等候了。"

模块3："欢迎几位的光临，虽然现在没法给您提供包厢，但是我们可以专门给您介绍一下我们这里的服务特色。如果几位不着急吃饭的话，我们可以去酒店的后花园转转，您看怎么样？或者，今天有一位绘画名人在六楼现场作画，画工很不错，机会难得，几位去欣赏一下绘画如何？欣赏一会儿，估计也就有空余包厢了。来，我来给您几位带路。"

"易"家之言

没有空余的包厢，而顾客又必须要得到包厢，这样的事情经常发生。类似这种情况，我们要想尽办法让顾客觉得有必要等下去。除了给足顾客面子之外，还要让顾客觉得服务人员有诚意为其解决难题。另外，服务人员要灵活运用其他辅助手段，比如送小吃，或者带顾客去参加酒店举办的其他活动，等等，这些都是缓解等待的时间压力的好办法。

第1章
在与顾客接触的第一时间建立良好的沟通

2 赢得首次光临的新顾客的信任

情景再现

几位顾客刚下车,服务员急忙走出门迎接。可能是由于旅途劳累,几位顾客脸上个个显得疲惫不堪,不愿意多说一句话,连行李都懒得搬动一下。

服务员站在顾客的前方,鞠躬说:"欢迎光临,欢迎各位来到我们酒店。"

即便这样,顾客的脸上还是没有显示出高兴的样子。走到门口,服务员帮忙开门,这时一位顾客脸上突然露出笑容说:"对嘛,帮开一下门嘛,还有我们的行李也麻烦帮拿一下嘛。"

服务员听到这样的话,才恍然大悟,于是纷纷帮顾客拿行李,并一起走进酒店大厅。但是,服务员的表现还是给顾客留下了不太好的印象。

顾客之所以不满意,在于一开始服务人员的迎接流于表面,并没有实际为顾客做点什么。如果放在平时,服务人员可以做做表面工作,顾客还是喜欢听好话,喜欢被夸赞的。但是在顾客非常疲惫的情况下,仅仅有这些表面的热情是不够的,顾客有时会直接将其忽略。他们最需要的是行动上的帮助。所以,

酒店服务员应该这样做

在一些特殊情况下,比如顾客一脸疲惫刚到酒店时,服务人员的服务要更具体一些,少做那些形同虚设的表面文章。

应对策略

到酒店消费的人,一般都是出来旅游或者出差的,顾客往往在旅途劳顿之中来到酒店,这时候服务人员对他们的接待不应该流于表面,而是要切实帮顾客解决问题。比如,可以帮顾客拿行李,并询问是否预订好了房间,或者预订好了饭菜,等等。如果服务人员仅仅鞠个躬,喊一句"欢迎光临",在顾客那里,这种服务是不会给他们留下任何印象的。

话术模块

模块1:"欢迎光临,一路辛苦了。来,让我来帮您提行李,小心台阶。这边请,这边请。各位如果累了,先坐下吧,我去拿菜单。行李交给我们就可以了,各位请放心,如果有贵重物品,请告知一声。"

模块2:"大家好!小心地滑。来这边请,请坐。一路辛苦。我们酒店有专门消除疲劳的粥,也有安神用的汤,我去拿菜单来,各位请稍等。"

模块3:(注重介绍接待的流程)"一路辛苦了,接到你们的电话,我们就一直在此等候,来,这边请,把行李交给我们吧,酒店已经为你们安排好了房间,准备好了热水。洗完澡,几位可以到二楼的餐厅用餐,根据你们之

第1章
在与顾客接触的第一时间建立良好的沟通

前预约好的菜式,我们为你们准备了饭菜。吃完饭,各位就可以好好休息一下了。"

▌"易"家之言 ▌

顾客刚到酒店时,服务人员当然要表现出热情。热情通常可以表现在行为和语言上,目的是要让顾客有回家的感觉,一入住就对酒店感到放心,觉得服务人员贴心。切忌只做表面工作,形同虚设的表面工作会拉远顾客与酒店之间的心理距离,最影响酒店形象。

3 让经常光临的老顾客感到开心

▌情景再现 ▌

酒店进来一位顾客,服务员小李一眼就认出来了,因为这位顾客经常光顾酒店。于是小李上前打招呼:"您好,欢迎光临。"

顾客没有出声,直接走到前台,转身跟另外一名服务员说:"老规矩,给我安排以前的位置,上以前那几道菜吧。"

前台的服务员有点不知所措,以前的座位,以前那几道菜,是哪个座位?什么菜呢?于是回头问刚才上前打招呼的服务员小李,小李当然记得,这位顾客喜欢坐在最里面靠窗的位置,喜欢吃这里的剁椒鱼头。于是,小李走上前把

酒店服务员应该这样做

顾客带到座位上，说："您请坐，您稍等，您以前喜欢点剁椒鱼头，我记得的，我马上给您下单。"

这时，顾客的脸上才露出了笑容。

问题解析

很明显，顾客不高兴，是因为服务人员用泛泛的语言欢迎他。"欢迎光临"是针对新顾客的欢迎语，老顾客觉得这太僵硬，没有人情味，反而把关系疏远了，所以老顾客一般不喜欢听这句话。

每位顾客都有虚荣心，也喜欢别人把自己看得很重要。所以，上述情景中的老顾客，才会有意识地说："老规矩，给我上以前那几道菜吧。"这样说是为了让别人知道，他是经常光顾这家酒店的，服务人员要对他更殷勤、更周到才行。

应对策略

见到老顾客的时候不应该说"欢迎光临"，而应该说："您好啊，感谢您再次光临我们这里，快，里面请……"，这样会让顾客瞬间产生一种亲切感。另外，要时刻记着老顾客的习惯，并在服务的过程中透露出你记得他的种种习惯，这样老顾客会很高兴，觉得自己受到了重视，更愿意经常光顾酒店了。

第1章
在与顾客接触的第一时间建立良好的沟通

话术模块

模块1："您好，我们又见面了，欢迎您的再次光临，您是我们的老顾客了，怎么，今天还是点上次那道菜吗，还是换换新口味？您这边请，坐上次那个座位吧，我去拿菜单过来。"

模块2："王先生，您来了，这边请吧，今天来得真是时候，我们酒店针对老顾客有打折优惠活动，感谢老顾客一直以来对我们的支持。来，这边请，麻烦您再登记一下，我好帮您申请优惠。"

模块3："欢迎光临，我记得您上次来过，还点了剁椒鱼头，您说您最喜欢吃这道菜。怎么，今天还来这道菜吗，还是换换口味？您是我们的老顾客了，应该很了解我们这里的菜单内容了，您先看一下菜单，我去帮您准备好餐具。"

"易"家之言

当遇到老顾客的时候，服务人员要表现出随意的一面，更好地传递出这样一种信息——我记得您，您是我们这里的老顾客，我们知道您的爱好，我们可以更娴熟地为您服务。这样做，老顾客才能感受到服务人员的亲切，同时也觉得自己受到了重视。顾客对重视感的要求还是很高的。

酒店服务员应该这样做

4 顾客很喜欢酒店的环境,但是同行的朋友觉得一般

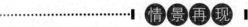

酒店大厅中,几位顾客正在餐桌旁点餐。服务员王红等候在顾客身边。客人甲说:"看,我介绍的这家酒店不错吧,看这环境,多优雅,多安静啊!"

这时,餐桌对面的顾客乙很不高兴地抱怨道:"我觉得环境一般嘛,不怎么样啊,看这装饰多老土。"甲听了,气呼呼地说:"那爱吃不吃,下次你找地方。"

餐桌上的气氛十分尴尬。王红拿着餐单,站在旁边,不知所措,她心里努力想着化解矛盾的方法,于是说:"先生,您好,您看是现在点菜还是稍后?"

甲没好气地回答道:"算了,不吃了。"说完摔门而出。留下王红尴尬地站在那里。

一桌子的人不欢而散。

来酒店一起吃饭的顾客,一般都是感情不错的朋友,因此,也就难免会发生一些抬杠拌嘴的事情。朋友们一起出来吃饭,本意是想聚一聚,增进一下彼

此之间的感情,所以,即使发生争吵,也只是暂时的小别扭。这时,酒店服务人员要在第一时间帮助顾客化解矛盾,绝对不能坐视不理,任凭事态进一步发展。如果服务人员能帮忙把矛盾解决了,顾客们会觉得酒店的服务很到位,是真心为顾客着想。

当然,在面对实在难以化解的打架斗殴等严重情况时,服务人员就要及时报告给安保部门来处理了。

在化解误会的过程中,与顾客的交流是十分必要的。顾客的事情就是酒店的事情,顾客之间产生了纷争,酒店理应帮忙化解矛盾。面对顾客之间的争吵,服务人员一定要及时了解情况,在情况没有恶化之前,加强和客人的沟通,努力去劝解。

面对顾客对酒店提出的意见,服务人员要灵活处理。如果是顾客当面提出的问题,服务人员一定要及时跟顾客交流,虚心接受顾客的意见。服务人员不要轻易反驳顾客的看法,更不要让顾客对酒店的看法成为顾客之间争论不休的原因。

当顾客之间发生了分歧,如果服务人员只是采取旁观的态度,或者一味地催促客人点餐,这种做法给客人的感觉是,酒店只是为了赚钱,并不真心为顾客着想。这样一来,不但矛盾无法化解,还有可能让酒店因此失去客源。所以,只有站在顾客的角度,和顾客真诚交流,帮助他们理解对方的立场,才能化解尴尬，赢得顾客的信任。

一旦产生的纠纷危及在场人员的人身安全，就要及时与安保部门联系，以免造成更严重的损失。

话术模块

模块1："真是不好意思，这位先生，我们酒店的服务没能让您满意。我们酒店在大厅设有意见箱，欢迎您给我们提出宝贵的意见和建议，我们一定虚心采纳。您看，您和那位先生也是朋友，一起来吃饭就多担待一下。您看您如果有什么其他的要求，我们一定尽量帮您解决，我们的服务目标就是让您在这里用餐愉快，多谢您的包涵和体谅。"

模块2："刘先生，您好，很抱歉我们酒店的环境没能让您满意。酒店运营正在逐步完善中，很希望您能给我们提出宝贵意见。关于您提到的装修问题，我会跟经理反映。我们会努力改进，争取让更多的顾客满意我们的环境。您看，您也等了很长时间了，先喝点茶水吧，休息一下，稍后再慢慢点餐。"

模块3："先生，很抱歉酒店的环境没能让您满意，其实，我们酒店目前正准备逐步改善服务环境。现在正在施工中的，就是酒店的特色包厢和空中花园，计划将在月底完工。特色包厢分为不同主题的装修风格，如滨海之家、泰山之巅、乡野小筑，等等。到时酒店还会推出一系列新的菜式，欢迎您到时来品尝。这样，我先给您介绍几种新的菜品，大家一边聊一边点菜吧。"

第1章
在与顾客接触的第一时间建立良好的沟通

▎"易"家之言 ▎

顾客情绪不好是时常会发生的事情。这时我们一定要灵活解决,既要帮助顾客缓和气氛,同时又要向顾客解释清楚酒店的情况。对于这种顾客,一定要和他们沟通,通过互动交流缓解尴尬气氛。在化解分歧的过程中,转移注意力是不错的小技巧。

5 预测顾客的需求,赢得他们的好感

▎情景再现 ▎

三位客人来到前台,登记办理入住手续。这时,其中一位顾客拿着酒店的餐券问道:"你好,我想明天早饭晚点吃,你们能留到10点吗?"

小李:"不好意思,先生,我们的早餐规定时间是到9点截止。您需要在规定的时间内到餐厅用餐。"

客人追问:"但是我明天想多睡会儿,好好休息一下。"

小李:"不好意思,先生,酒店就是这样规定的,我们也没有办法,早餐时间就是7点到9点。"

客人还是抱有期待地追问:"那你们提供午餐吗?把我的早餐改成午餐,时间就可以了吧?"

小李:"实在不好意思,我们酒店只提供自助早餐,不能改成午餐。"

酒店服务员应该这样做

客人实在忍受不了了，很气愤地说："你们的酒店难道就是这样为客人服务吗？规定就那么死板吗？一点都不懂变通，我要投诉。"

小李只好说："先生，不好意思，我们也是按照酒店的规定办事。"

每一位顾客对于时间安排都有不同的要求。早餐的时间虽然不能改变，但是只要清楚了顾客不过是想晚点起床，起床之后，可以有饭吃，事情就简单多了。因为了解顾客的真实需求后，服务人员就可以尽量做到让顾客满意，这样顾客就不会投诉了。

面对不同顾客的要求，服务人员要学会积极沟通和交流，学会预测顾客的心理，从而寻找妥善解决问题的办法。服务人员通过沟通了解了顾客的想法，就可以满足顾客的合理要求了。对于实在不能满足的要求，服务人员还可以建议其他可行的解决方案。

酒店的服务宗旨，就是要尽量满足顾客的合理要求，所以，灵活处理顾客的要求是十分必要的。对于顾客来说，他们住在酒店中，希望能够享受到像住在家里一样的温馨和方便，所以，提出类似改变早餐时间的要求是很常见的。有的顾客要求时间上的灵活，有的顾客需要服务上的贴心，有的顾客却想

第1章
在与顾客接触的第一时间建立良好的沟通

安静,不受外界打扰。服务人员在遵守酒店规定的同时,可以灵活处理顾客的各种要求,例如可提出将早餐券用于午餐,用以抵充午餐时的一定金额。如果没有交流,不清楚顾客为什么要修改早餐时间,服务人员会很难处理好这个简单的问题。

所以,在熟悉酒店的规章制度的同时,服务人员还要努力去了解不同顾客的不同想法。只有从顾客的角度出发,了解他们真正的想法,服务人员才可以切实把服务做到如家庭般温暖。

话术模块

模块1:"先生,您好!很抱歉,我们酒店的管理规定不能改变。但是我们可以为您提供午餐的餐单,您可以在想用餐的第一时间点餐。午餐会及时送到您的客房,这样就可以保证您能睡个好觉了。同时,我们针对您这样的顾客,还有早午特色餐,这里是餐单,希望能让您感受到家一样的方便和温暖。"

模块2:"先生,我们酒店在餐厅的时间规定方面实在不能满足您的要求。但是考虑到您的实际情况,这样,我可以问一下经理,看能不能帮您预留一份早餐到10点,您可以在10点之前去用餐,这样您就可以放心休息了。"

模块3:"很不好意思,酒店规定的用餐时间就是早上7点到9点,超过这个时间就没有自助早餐服务了。不过,您不用担心,我们酒店的大厅还有餐厅服务,您可以在睡醒之后来大厅的餐厅就餐。这边是餐厅的位置,我指给您看。"

"易"家之言

满足顾客的需求是酒店经营的命脉。只有最大限度地满足顾客的要求，酒店才能抓住更多的客源。出门在外的顾客看重的是舒适和方便。通过询问顾客的真实想法，了解他们的需求，才能更好地为他们服务，也才能真正赢得他们的好感。

6 面对我们的热情，顾客反应冷淡

"您好，欢迎光临！"

一位面色冷静的顾客走进酒店，服务员小李上前接待。

"您好，请问您有预约吗？"

"没有，有不就跟你说了嘛。"这位小姐的心情不是很好。

"您好，这边请，这是我们酒店的特色餐点，我来给您介绍一下吧。这边是我们的特色招牌菜，其中包括……"小李不合时宜地介绍道。

"不用了，真烦人，自己看看就行了。"这位小姐简直不耐烦了。

"请问您还有其他需求吗？"小李又说。

"我怎么知道你们都能满足什么需求？"依旧是没好气冷冷地回答。

小李无奈，一时不知道该说什么好了。

第1章
在与顾客接触的第一时间建立良好的沟通

面对冷淡的客人，服务人员的热情很容易被浇灭。顾客的心情我们不能控制，但是我们可以控制自己的心情。服务人员自身应保持充足的正能量，通过持续不断的热情去感染顾客。此外，沟通手段也十分重要，必要时可通过互动、询问和眼神跟顾客交流，努力让顾客感受到我们的热情，这样才能缓解顾客冰冷的态度。

让顾客感受到温暖，这是服务人员的职责。服务人员要用有感情的话去跟顾客沟通，要用热情洋溢的笑容去面对顾客。面对冷淡的顾客，如果我们也同样回报以冷淡，顾客肯定会觉得酒店的服务态度有问题。所以，温暖沟通和及时沟通同样重要。

对于顾客的冷淡，服务人员要有一种锲而不舍的精神，就算顾客态度冰冷或者不耐烦，也不能放弃沟通。另外，服务人员一定要控制好自己的情绪，即使面对顾客的无礼和无视，也要拥有一颗包容的心，直至得到有效信息。

话术模块

模块1："李小姐，您好！欢迎您光临。这边请，我来给您介绍一下我们这里的菜品吧……不知您对我们的餐点是否满意？您觉得我们这道菜怎么样，适合您的口味吗？有什么需要改进的地方，欢迎您提出宝贵意见。"

模块2："李小姐，您好！很高兴您能选择我们酒店为您服务，我们一定会非常努力地为您提供一份温馨的盛宴。下面我来给您介绍一下这些菜式，如果有什么地方没有听清楚，您可以随时提问。"

模块3："李小姐，请问今天您想吃什么样的菜呢？我可以给您介绍几份现在最流行的菜式。这份是客人点的次数最多的，您也可以尝试一下。还有这边这份，我觉得特别适合您的口味。您不喜欢也没有关系，我还可以给您介绍其他的菜式，有一些也很受欢迎。"

"易"家之言

对于心情不好或是情绪不高的顾客，我们一定要拿出热情，通过努力沟通，让顾客感受到我们的真诚。沟通中最重要的，就是热情和技巧的配合。在技巧中融入热情，才能达到有效沟通。

7 豪华的房间嫌贵，推荐实惠的特价房顾客又顾虑质量

情景再现

一位顾客来到酒店的前台办理入住手续："有没有豪华大床房？多少钱？"

第1章
在与顾客接触的第一时间建立良好的沟通

"您好,我们这里还剩下三间豪华大床房,380元一晚。"服务员小莉回答。

"这么贵啊,有便宜点的吗?"顾客一脸困惑。

"啊,那就是普通大床房和标准间,分别是248元和278元。但是现在只剩下小窗的房间。"小莉说。

"小窗啊!通风会不会不好?空调好用吗?上次住的标准间空调没法用!大窗的有没有便宜点的?"顾客追问。

"不好意思,我们现在只剩下这三种房间了。"

"那怎么办?让我想想。"顾客琢磨起来。

"客房紧张,您再想连这三种都没有了。"小莉说道。

来酒店住宿,大家都希望能住得安心,住得实惠。顾客入住酒店,一旦发现和心里预期的不一样,总会感觉不舒服。所以,有些顾客在选择房间时会比较难以抉择。对于这样的情况,服务人员可以耐心地向顾客解释:即使是便宜的客房也是干净卫生、设备完善的。如果只是因为房间一定会住满,有恃无恐,不理会顾客的顾虑,长期下去一定会使酒店的声誉受损。

对于顾客而言,找到物美价廉的解决方案才是最合适的消费行为。他们

酒店服务员应该这样做

在选择客房时会有所顾虑：一方面想享受比较舒适的住宿环境，担心便宜的房间会有各种问题出现，另一方面又要考虑到成本的支付。所以，服务人员在面对比较纠结的顾客时，要有耐心，根据客户的想法为他们寻找合适的解决方案。

如果服务人员一味地对顾客的顾虑表示不理解，没有耐心，甚至仗着房间一定会住满客人，不愁客源，而对顾客采取轻视的态度，顾客势必会对服务人员的态度不满，进而对酒店没有好感。

所以，服务人员一定要设身处地为顾客着想，这样才能让顾客感受到我们的贴心和温暖。

话术模块

模块1："先生，您可以放心，在我们酒店一定不会出现这种情况的。我们酒店里任何房间的设备和通风都是没有问题的，您大可以放心入住。如果您还想再考虑考虑，那可以在前厅休息一下，等一会儿考虑好了，我再给您办理入住手续（手指前厅的休息座位）。"

模块2："先生您好，如果您想住得宽敞点呢，就选择大窗的豪华客房，如果您想节省点，就选择普通大床房。无论您选择哪种房间，房间里的设备，像空调等，都是没有问题的。您可以再考虑一会儿，不过要抓紧时间哦，因为，等一会儿如果其他客人来办理入住手续，我就不能为您预留房间了。"

模块3："欢迎选择本酒店入住，您可以再考虑一下，如果有什么问题需要

了解，可以随时问我。如果您还有什么不放心的地方，我可以请示经理，然后带您去各个房间看一下空间的大小和电器设备的使用情况。"

（请示经理后回来）"您好，请您这边来，这是标准间客房的情况（手指房间内部），里面的空调等设备也由专门人员检查过了，没有问题（试用空调）。您看，您了解了情况之后，对房间的选择有帮助吗？"

"易"家之言

对于顾客的顾虑，工作人员要学会体谅。顾客就是想住得舒服和踏实，而我们的职责就是让他们住得舒服和踏实。所以，工作人员在面对难以做出消费选择的顾客时，首先要了解清楚情况，然后正确引导顾客做出合适的决定。

8 适度的语调和音量让顾客感到舒服

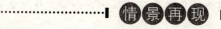

一位顾客来餐厅就餐。

"您好，请您点餐吧。"服务员小田为他服务。

"你说什么，能大点声吗？"顾客说道。

"您好，我说，你可以点菜了。"小田大声说道。

"你这是什么态度，叫你们经理过来。"顾客很生气地坐在桌边。

"我说得已经很清楚了,经理过来也没什么。"小田转身去叫经理。

"什么破酒店,下次说什么也不来了!"顾客气呼呼地说道。

服务人员与顾客沟通,要做到吐字清晰、声音洪亮。如果顾客没有听清楚,服务人员可以再次清楚洪亮地讲一遍,绝不能不耐烦。对于老年人,要有足够的音量,对于小朋友,要有耐心,讲话和气,对于外地人,要用标准的普通话。如果连说话都不能让顾客听懂,还怎么谈得上进一步交流呢?所以,清晰的语音和适当的音量可以让交谈没有障碍。

另外,服务人员在开口说话之前,要提早注意顾客的年龄、民族等问题,以避免在交流过程中问一些不太合适的问题。

在与顾客的交流中,互相尊重非常重要。而尊重在很大程度上就取决于语音、音量和语调等问题。很多时候,一个适当的语音可以化解不必要的误会,可以让顾客和服务人员之间有更多的理解和包容。

对待顾客的语调和音量是否适宜,很大程度上取决于服务态度。良好的服务态度,是成功交流的基石。

第1章 在与顾客接触的第一时间建立良好的沟通

话术模块

模块1:"先生,您好,我刚才是请您点餐,不好意思,可能我的声音小了点。您看这边是我们提供的菜单(调整声音)。您看您想点些什么菜?"

模块2:"先生,不好意思,请问您想点些什么呢?(调整声音)"

模块3:"先生,您好,我给您介绍一下餐单上的菜品吧。请问您喜欢什么口味的?"

"易"家之言

顾客的要求决定了服务的方向,只有抓住顾客的心理,准确满足顾客的需求,才能和顾客建立良好的沟通氛围。尊重顾客的习惯和尊重顾客同样重要。所以要注意,适当的语调和音量是与顾客交流的重要保障。这就涉及我们服务人员平时要加强对自身基本业务素质的训练了。

9 将否定语换成温和的肯定语

一位衣着华丽的顾客带着一只宠物狗走进酒店,被服务员小李拦住了。

酒店服务员应该这样做

"女士,您好,我们酒店不允许带宠物入住。"

"牛牛是我的宝贝,我去哪里都要带着它,你们凭什么不让进?"女士有点不高兴。

"对不起,酒店明文规定,不允许客人带宠物进酒店。"小李解释道。

"我就是要带着它,你能不能通融一下啊?"女士开始缓和语气。

"不可以。这是规定。"小李义正词严地回答。

"那怎么才能进去?"女士问。

"只要您不带着您的狗,就可以办理入住手续。"小李说。

"那算了,我还是不住你们这酒店了。"女士很不满地离开了。

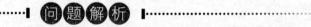

酒店规定不能带宠物进入,本是合情合理的。但是,服务人员强调规定时,如果使用过多的否定词,会让客人觉得自己好像是被拒之门外一样,会感到很没面子。一味地使用"禁止"类的词汇,最终给顾客的感觉就是酒店不近人情。

更令顾客无法接受的是,服务人员根本没有为顾客提出任何解决方案,只是一味强调不能带宠物进酒店。不能站在顾客的角度为顾客着想,这与酒店的服务精神是相违背的。

宠物不能入住酒店,这是一般酒店都有的规定。所以,对于那些带着宠物

第1章
在与顾客接触的第一时间建立良好的沟通

来的顾客，服务人员要进行适当地引导，并为顾客寻找寄养宠物的地点，这样就能使顾客顺利入住了。而在上述的情景中，服务人员没有做到这一点。

上述情景中，如果服务人员对顾客的耐心多一些，并能提出寄养宠物的合理化建议，应该是可以挽留住这位顾客的。

话术模块

模块1："女士，您好。您的宠物真可爱，但是我们酒店有规定，宠物只允许留在酒店门外，您看您是否可以找个宠物收养所，暂时把您的宠物寄养一下。这样您就可以顺利地办理入住手续了。其实，我们的很多顾客都有类似的情况，他们大多也是选择这种方式入住酒店的。所以，请您放心，您和您的宠物都可以度过美好的夜晚。"

模块2："这位女士，真是不好意思，您应该了解我们酒店的规定，恐怕您的宠物要在酒店外面等您了。我们可以给您办理入住手续，但是您的宠物恐怕要去宠物宾馆了。让您的宠物在舒适的地方等候您，也是个不错的选择，您说对吧？"

模块3："王女士，我很理解您对于宠物的心情。的确，宠物是我们人类的好朋友，但是您看，酒店有明确规定。我们可以给您提供宠物代理寄养的服务，您可以入住同时办理寄养手续。这也是我们酒店的特色服务之一。希望您能满意我们的服务。"

酒店服务员应该这样做

"易"家之言

顾客想带着宠物入住酒店,这是人之常情。如果服务人员一直用否定类词汇来拒绝,往往会让事情变得很严肃,很棘手,给人一种紧张感。一旦顾客觉得你的服务不近人情,那么顾客的流失也就是早晚的事了。这时,服务人员要巧妙沟通,尽量不要使用否定词,让顾客感觉到态度上的亲和,才是正确的做法。

10 与顾客的交流要把握尺度,不清楚的不要乱说

情景再现

节假日,酒店前台,一位外地游客正在询问宾馆周围的旅游胜地的情况。

"你好,附近有什么好吃的、好玩的吗?"

"您好,离这里最近的就是A景点和B景点。"服务员小张回答。

"听说B景点不是很好玩,现在去人还很多。"顾客说。

"没有吧,B还不错,而且里面的××和××两处景点都很好玩的。"小张讲得兴高采烈。

(客人游玩之后回来)"今天去了你说的B景点,无聊死了,一点都不好玩,你说的都是什么啊。"顾客气愤地说。

"不好意思。"小张觉得莫名其妙,自己明明是好心,却没办成好事。

第1章
在与顾客接触的第一时间建立良好的沟通

一般入住酒店的顾客都会向服务人员打听周边或者本城市的一些信息,其中难免有些信息连我们自己都不是很清楚。对于那些我们不确定的信息,一定不要跟顾客夸夸其谈。顾客是信任我们才向我们询问的,一旦我们讲出的信息不符合实际,既耽误了顾客的时间,同时也使得顾客此前对我们的好印象大打折扣。

对于有些问题,如果服务人员没办法给出明确答案,那就直接对顾客说明不知道,以免误导他人。

对于酒店而言,希望能够服务好每一位顾客。但是,如果真的无法满足顾客的要求,就要对顾客诚实,或者建议顾客寻求其他帮助。适当的交流有助于提高服务质量,但是过多的交流无异于画蛇添足。因此,当顾客提出和酒店不相关的其他问题,而你对这件事情的答案不是很确定时,不要对顾客轻易做出肯定的解释。

另外,服务人员要尽可能多地了解一些顾客经常询问的信息,以提高自己的服务质量。当然,对于自己知道的答案,一定要告知顾客。

酒店服务员应该这样做

话术模块

模块1:"先生您好,哎呀,真不好意思,您问的情况我还真不是很清楚,您可以再出门问问其他行人,或者上网查查相关的资讯。如果您出门遇到什么问题,可以随时给我打电话。现在是节假日期间,您出门要多注意安全,祝您玩得愉快。"

模块2:"先生您好,真抱歉,您提出的问题,我也不太清楚,这样,我通过网络帮您查询一下,您稍等一下。(查询之后)先生,这是网络查询的结果,这个攻略您可以作为出行的参考,祝您玩得开心。"

模块3:"真不好意思,先生,您说的这个景区我不是很了解,不能给您提供确切的信息。不过,我可以给您推荐F景区,如果您想看自然风景的话,那里是不错的选择。这边是出行路线,希望对您的出行能有所帮助。"

"易"家之言

顾客向服务人员询问信息,而服务人员也不是很清楚答案,这样的事情经常会发生。对于这种情况,服务人员要如实回答。除了跟顾客讲清楚自己不知道外,服务人员还要让顾客觉得自己有诚意帮他,可适当为顾客提供其他的解决办法。

应对类似的情况,服务人员的处理方式一定要灵活,说话要谨慎。

11 得体的赞美拉近与顾客的距离

服务员小叶在帮顾客点餐:"请问您需要点什么?"

"就这几个菜吧。"一位顾客放下菜单。

"这几道菜,都是大家经常点、经常吃的。"小叶不假思索地说道。

"这些菜别人都经常点啊?那你们还有什么新菜吗?要不然吃来吃去都是吃这几道。"顾客突然改变主意了。

"不好意思,暂时没有。"小叶郁闷地回答。

"你们餐厅不能有点创新吗?"顾客很不开心地反问。

"不好意思,我们会接受您的建议的。"小叶很后悔刚才多说的那句话。

顾客本来愉快的心情,现在变成不满情绪了。

酒店不经常更新菜品,这本来很正常,但是,经小叶那样一说,顾客觉得似乎人们一直吃的都是这几道菜,没什么新菜可以吃,这种感觉很乏味,于是顾客对点过的那几道菜突然产生了反感。如果小叶换一种说法,称赞顾

客的眼光，称赞这几道菜为酒店的特色菜，顾客就会觉得自己点的菜还是很不错的。

与顾客交流时，对于顾客的选择，服务人员要学会适当地称赞，这样会减少很多尴尬局面的发生。

应对策略

对于酒店来说，餐厅的服务总是有改进空间的，顾客如果面对的是不善于交流的服务人员，这种挑毛病的概率就会大大提高。顾客来吃饭，希望保持一份愉快的心情，因此适当的称赞会让顾客心情大好，投诉自然也就相对减少了。

此外，服务人员对顾客进行适当称赞，会自然而然地拉近与顾客之间的距离，让顾客感受到服务的热情和贴心，这样就可以慢慢培养酒店的忠实顾客了。

话术模块

模块1："先生，一看就知道您很有眼光，您点的菜都是酒店里最受欢迎的菜。这几道菜都是我们店的特色菜，一定会让您和您的朋友们吃得开心的。您这么有眼光，再来帮大家选一些酒水和饭后甜点吧！"

模块2："这几道菜，都是酒店的招牌菜。先生您真会点，知道本店的特色所在。最近本店正在改进菜式，希望您能提出宝贵意见。"

第1章
在与顾客接触的第一时间建立良好的沟通

模块3："先生，一看您就是健康饮食方面的专家。您所选择的这几道菜都是用绿色天然的食材烹饪而成的。难怪您面色这么红润，身体这么健康。健康饮食也是本店的一大优势，欢迎您常来光顾。"

"易"家之言

顾客来酒店就餐，希望能够拥有一份愉快的心情。适当的称赞，会让顾客心情舒适，沟通起来就容易得多，服务人员因此也就减少了很多"碰壁"的机会。

12 顾客走在前面，需要超越时要注意什么

今天是周末，酒店里的顾客特别多，大厅里还有很多顾客在走动，给来回传单、传菜的服务员增加了几分压力。

"先生，您好，麻烦您让一下。"服务员小赵向前说道。

谁知前面的顾客根本没有听到，或者，不知道是在跟自己说话，没有做出任何反应。

"您好，先生，麻烦借过。"小赵继续说。

"哦，是跟我说啊。"顾客回过神来。

小赵很艰难地从顾客前面挤过去，而这样的接触，却让顾客很不满意。

酒店服务员应该这样做

"你都把菜汤洒到我身上了。你们酒店就是这样为客人服务的吗?"顾客生气地说道。

"先生,不好意思,今天人多,希望您能谅解。"小赵道歉。

"人多就往身上洒啊?"顾客彻底生气了。

在酒店人满为患的情况下,服务人员在穿越顾客时,一定要注意对顾客的影响。和顾客擦身而过时,千万要注意不能把菜汤洒到顾客身上。顾客来酒店用餐,希望能够享受到轻松的就餐环境。酒店人多时,顾客对服务的感觉本就已经下降了,如果还意外被汤汤水水殃及,那种感受可想而知,产生不满并进行投诉就是必然的事了。

所以,在人多的就餐环境中,服务人员在服务的过程中,更应该用心避让顾客,与顾客保持一定距离,减少摩擦。

在餐厅里人多的情况下,在超越前面的顾客时,服务人员一方面要做到与顾客在语言上的有效沟通,另一方面还要在身体动作上合理避让顾客,同时,要提醒顾客小心。总之,要让顾客从各个方面感觉到这份服务是出自真心的。

当然,如果确实不可避免地发生了有损顾客利益的行为,服务人员一定要

第1章
在与顾客接触的第一时间建立良好的沟通

及时道歉,态度一定要诚恳。此外,适当地给顾客以补偿,也不失为表达歉意的一种方式。

话术模块

模块1:"前面的这位先生,您好,麻烦您了,您能让一下吗?我们的餐车现在没法过去。真不好意思,打扰您了。(穿过)谢谢您的合作,祝您用餐愉快。"

模块2:"先生真对不起,是我的疏忽大意,给您添麻烦了。我们酒店备有干洗间,如果您不介意,我们能帮您清理干净衣服上的污渍。您放心,很快就能帮您清理干净。请这边来。"

模块3:"这位先生,实在抱歉,打扰您用餐了。您知道,今天的人比较多,希望您能够谅解。衣服上的污渍,会有专门的人员来帮您处理干净,对此,我们深表歉意。另外,这边稍后会有一道餐后甜点免费送给您,来弥补我们对您的用餐心情造成的影响。这份歉意,希望您能接受。"

"易"家之言

合理避让顾客,是服务人员的基本功。只有真正掌握了从形体、语言,到面部表情等各个方面的标准化服务,才能在实际服务过程中,让顾客感受到你的真心和周到。对于不适当的行为,服务人员一定要及时做出道歉和补偿。只有让顾客觉得你是在真诚沟通,才会顺利、及时地化解矛盾。

第 2 章
CHAPTER 2

服务过程中，不放过绝佳的销售机会

服务员在为顾客服务的过程中，会有很多推销产品的机会。比如，向顾客介绍菜品时，就可以直接推销酒店的主打菜、特色菜、酒水，等等。因此，除了服务之外，服务员必须要学会的另外一个技巧，就是销售。

第2章
服务过程中,不放过绝佳的销售机会

 当顾客漫无目的地翻阅菜单时

几位新来的顾客坐在桌子边,等待点餐。其中两位无聊地翻着菜单,从头到尾翻过了一次,还是没有开始点菜。

李先生:"你们想吃点什么,素一点还是荤一点?"

其他人中的一位:"你看着点吧,随便。"

另一位:"都行,没什么忌口。"

李先生一听,有点慌:"别随便啊,都说说喜欢吃什么。"

另一位:"你就点点儿大家平时都吃的。"

李先生彻底放弃了点菜这项任务:"要不你来点吧,我看了半天还是没有什么可点的,也不知道你们都喜欢吃什么。"

另一位顾客同样一脸迷惑地接过了菜单,开始翻来翻去。

上述情景其实是很常见的。对于一起来酒店吃饭的朋友们,点餐往往是一

酒店服务员应该这样做

件很难办的事情：老顾客该吃的基本都吃过了，不知道这一次该点什么，新顾客不知道该从哪道菜点起。所以在这个时候，服务人员应该充分发挥自己的引导作用，也可以趁机施展销售才能，尽自己所能，去为新老顾客推荐一些符合他们口味的菜品。

在顾客点餐的时候，向顾客介绍适合的餐点，是沟通中的重要环节。只有好的推荐和介绍，才能让顾客告别犹豫，爽快点餐。

顾客点餐，是酒店的重要销售环节。点餐难，对顾客是困扰，但对酒店来说却是一个销售的好时机。所以，对于那些在点餐时不知该点什么的顾客，服务人员要努力帮其推荐合适菜肴。

推荐菜肴要有针对性，因人而异。比如，在面对老年顾客和小朋友时，适合推荐温和的菜，而对于年轻人来说，菜式的搭配就十分重要，对于中产阶级、时尚达人来说，推荐特色菜是不错的选择。认识到不同菜品的适宜消费人群，才能更好地为顾客提供贴心服务。

服务人员的这种积极推荐，实际上就是酒店的最好宣传。不要小看了菜单介绍这一小步，这里面涵盖着酒店菜式推广这一大步。

话术模块

模块1："先生，您好，如果您不知道该点什么，不妨试一试本店新推出的特色菜——雪山植松,这道菜是选择上好的肉和蔬菜食材做成,口味很不错,推出之后很多人都喜欢。或者,您看这页,都是平时顾客选择概率比较高的菜式,接近大众口味。"

模块2:"先生您好,请问有什么可以帮到你们的吗?对于您比较感兴趣的菜,我可以稍微给您作一些介绍。比如这道菜,是选用纯天然的绿色有机食材做的,味道温和,老少皆宜,很适合家庭聚餐的时候吃。要不给您点一道?"

模块3:"您好,先生,餐单的前几页是我们酒店的家常菜,之后是特色菜、主食和甜品。您可以按顺序看一看,如果有什么想进一步了解的,我可以给您介绍一下。"

▍"易"家之言 ▍

一时之间没什么想法,这是点菜时的常见现象。作为销售兼服务人员的我们,应该抓住顾客的这一心理,做出适当的推销。这样既可以让顾客享受到满意的菜品,同时又能让他们感受到酒店高质量的服务。服务人员要灵活运用自己的销售技巧,积极介绍菜品、推销菜品。对于其他信息的介绍,例如帮助顾客了解食材的构成和量的大小,也都是有效的推销途径。

2 顾客要求酒店在节日期间打折

这天是圣诞节,酒店里顾客络绎不绝。节日期间各大商家打折活动很多,因此不断有顾客进店询问今天有什么优惠活动。

小张已经听很多顾客都说:"其他酒店都有打折啊,我经常到你们酒店消费呢,也给我打个折吧。"

小张:"这是酒店的规定,您也知道,这会让我很难做。"

客人:"但今天是圣诞节,你们酒店居然没有打折活动,这也太例外了吧?"

小张为难地说:"先生,我们酒店今天确实没有打折活动,下次有活动,我们会及时通知您的。"

顾客的表情瞬间变得很失落,继续说道:"你们酒店没有打折,我们还不如去附近的别家酒店消费呢。"

节日期间,商家为吸引顾客,会推出打折服务,对于消费者而言,这一点也是很有吸引力的。而如果顾客被告知,酒店在圣诞节期间不打折,这会让顾客很失望。此时,如果服务人员不能跟进做进一步的引导,只是一味地反复强调不能打折，会让顾客觉得酒店的服务缺少人情味，不会照顾顾客的心理。

顾客没有享受到"当上帝"的感觉，自然不会在酒店消费，而且心里可能还会留下这样的印象——这家酒店的服务态度不好，也不懂变通，以后不来这里消费了。

对于顾客提出的节日期间打折的要求，服务人员可以用另外的方法来解决，而不应推脱到下一次。推脱会让人觉得是在敷衍。如果服务人员能站在顾客的角度考虑，让顾客感觉到，服务人员已经为他做了最大努力，但还是没法实现打折，这样一来，顾客对酒店就不会有反感情绪了。

节日期间，酒店一般都会有相应的打折活动，如果遇到没有打折的情况，顾客会很失落。事实上，顾客能走进来，已经说明对这家酒店有兴趣，处于消费的边缘地带，此时，如果服务人员能给他一个台阶或者再主动推他一把，顾客就可以产生消费的念头了。反之，如果服务人员完全不去推动顾客，并且很直白地说没有打折，听任顾客离开，这种服务是非常不到位的。

节假日期间，如果酒店没有打折，服务人员应该委婉地跟顾客解释不打折的原因，努力让顾客理解酒店的做法，消除顾客内心的失落和不满。

话术模块

模块1："先生，您好！祝您圣诞快乐！感谢您对我们酒店的关注，不过，很抱歉，我确实没这么大的权力来给您打折，如果有赠品的话，我可以申请给您多留一份。其实，许多老客户都知道，我们酒店是以特色服务取胜的，酒店虽然没有打折活动，但服务绝对物超所值，选择我们，您肯定不会后悔的。来，这边请，先生，小心台阶。"

模块2："先生，真是不好意思，您是我们的老顾客了，您应该了解我们酒店，我们平时都是以最优惠的价格来招待顾客的，所以虽然今天是节日，但也实在没法再做优惠活动了，请您见谅。但是请您放心，我们这里的价格绝对不会比别家酒店贵，关于这一点，您之前是有过了解的。所以，就请您放心在这里消费吧。来，这边请。"

模块3："张先生，我们完全理解您的想法，打折的确是一个挺吸引人的活动，其他酒店也都在做，但是您看，虽然不打折，我们酒店依然宾客不断。为什么还有那么多人选择这里呢？还是因为，我们酒店有独特之处，所以，选择在这里消费，是不会错的。来，张先生，这边请。"

"易"家之言

节日期间，顾客希望酒店有打折活动，这是正常心理，不能说顾客完全是图便宜。节日的气氛让顾客感觉如果没有打折活动，心里会很失落。服务人员要考虑到如何应对这种心理，才能让顾客内心得到平衡，以小赠品、特色产品、特色服务等作为心理补偿手段，这个时候都可以。

第 2 章
服务过程中,不放过绝佳的销售机会

3 帮我们加几道菜吧,你看加什么合适

情景再现

顾客在饭店吃了很长之间,然后要求服务员加菜。

顾客说:"服务员,给我加几道菜",于是在菜单上左翻右翻,和朋友反复商量,但就是选不出来,就问服务员说:"你帮我们加几道菜吧,你看加什么合适?"

服务员:"菜单上的都是我们的特色菜,选哪个都是可以的。"

顾客顿时无语,脸上显出失望的表情。

问题解析

针对加菜的问题,当顾客询问服务人员的意见时,服务人员一定不要一副冷漠的表情,或者没有实质性的推荐引导。向顾客推荐菜品,这是服务人员的服务内容之一,是在职责范围内的,没有理由推脱或者敷衍。当顾客询问时,服务人员要表现出对顾客这种信任的重视,要耐心告诉顾客哪一道菜销量好,现在加哪一道菜合适。

推荐菜品的理由有很多,比如,说一道菜品受到顾客的普遍好评,或者委

婉地说这位厨师的手艺不错,是从哪里哪里特聘的,也可以询问顾客喜好的口味,根据口味来推荐,还可以说菜量合适,性价比好,等等。

服务人员遇到类似提问,应先观察顾客,掌握其基本特点,然后再有针对性地为其推荐。对于老年顾客,可向他们推荐一些松、软,不含胆固醇,油脂较低的食品。对于着急用餐赶时间的顾客,可向他们推荐一些制作方便、快捷的食品。对于北方人,可向他们推荐各种面食,他们喜欢浓郁、咸味较重的菜肴。对于南方人,像湖南的和贵州的顾客,比较喜欢带有辣味的食品。四川人更是喜欢麻辣食品。江浙沪一带的顾客,比较喜欢甜食,口味清淡。广东、港澳地区的顾客喜欢生、脆、鲜、甜的食品,口味清淡,喜欢在用餐前喝老火汤。

服务人员还要根据顾客的消费能力,为其点餐。来餐厅就餐的顾客基本分三种:普通消费者、工薪阶层消费者和高消费者。普通消费者,这类顾客构成了餐厅中的大多数,点菜时更多地考虑经济实惠,服务人员可向他们推荐一些家常菜。工薪阶层消费者,此类顾客虽然并不追求高消费,但有一定的消费能力,服务人员可以适当地向他们推荐一些档次较高的菜品。高消费者,这类顾客追求高消费、高享受,点菜时既要考虑营养价值,又要考虑观赏价值,服务人员可向他们推荐一些比较名贵的菜肴或新鲜野味。

推荐菜品时,还要考虑到各色菜种的搭配组合。烹调方法的组合:在推荐

第2章
服务过程中，不放过绝佳的销售机会

炒菜的同时，可以推荐顾客兼顾到用煮、扒、烧、煲、炖、扣、蒸等方法所烹制的菜品。冷菜与热菜的组合：一般用餐的时候，既要有冷菜，又要有热菜，当顾客点冷菜较多而热菜较少的时候，可向顾客作适当提醒。上菜速度的组合：有些菜，如东坡肘子，制作时间相对要长一些，此时可向顾客推荐一些烹制速度较快的菜肴，以免使其久候。菜肴颜色的组合：点菜时可以考虑不同颜色的适当搭配，绿、黄、红、白几种颜色兼有，能增加视觉上的愉悦和心理上的轻松，增加顾客的食欲。荤与素的组合：太多的油性食品不利于身体健康，可以建议顾客在点菜时注意到荤菜与素菜的恰当搭配。形状的组合：食品的形状有条、块、片、粒、茸等，不同形状的菜的组合同样有助于构成视觉的美感，让顾客欣赏到食品烹制方法的多样性。

话术模块

模块1："先生，您好！请问需要加什么菜？"当顾客回答后，服务人员应去吧台填写好加菜单，第一联在吧台盖章后交给厨房，第二联交给吧台，第三联自己保管。

模块2："先生，您好！本店的招牌菜是川菜，并且我们厨师长在原有川菜的基础上作了很多创新，这些菜肴在别的地方都吃不到，要不我帮您推荐几道？"

模块3："先生，您好！很乐意为您服务。您要是信得过我，我觉得来碟小

菜比较合适，外加一罐饮料，因为刚才您点的菜都口味偏重，饮料可以消除油腻感，而小菜是有助于消化的，这样对您的身体比较好。您觉得呢？"

"易"家之言

如果顾客要求服务人员帮忙定夺消费，服务人员既要合理地为顾客考虑，也要有效地推销酒店的菜式，这样不仅能满足顾客的需求，同时也能提高酒店的经济效益。服务人员总体上应把握的推销原则是：针对需求，推荐特色。

4 顾客拿到菜单后仔细浏览，精挑细选

情景再现

顾客拿到菜单后仔细浏览菜单，精挑细选，但选来选去，也没有选好该点什么。服务员也在一旁时不时地帮忙推荐一些菜品，但也没有得到顾客的认可。

问题解析

餐饮业的顾客变得越来越现实了。以前，餐饮业许多属于公款消费，那时的消费者对价钱不太敏感，基本上是快速地点菜、吃饭、结账，然后离开。而现在的消费者在吃饭之前会仔细地浏览菜单，精挑细选，比较价格之后才点菜。

吃完饭以后，还会让服务人员把账单拿过来仔细地核对一下价钱，有时候甚至要求打折或抹除零头。顾客现在吃饭基本上是自己花钱，所以他们要明明白白地消费。

面对顾客的挑选，服务人员要帮顾客拿主意，不能让顾客一直这样选下去。服务人员可以有针对性地为顾客推荐菜品。但是，也不是乱推荐的，要想有针对性，就需要先经过一定的观察。

首先，要做到一看二听三问。看：看客人的年龄，举止情绪，是外地人还是本地人，是吃便饭还是洽谈生意，是宴请朋友还是家庭聚会，还要观察谁是客人谁是主人；听：听口音判断地区，从顾客的交谈中了解其与同伴之间的关系，以便更准确地介绍酒店信息；问：征询顾客的饮食需要，做出适当的菜品推荐，如喜欢吃什么口味的菜，是否有忌口等。

其次，按顾客的消费动机来推销。便饭：这类顾客的要求特点是经济实惠、快吃早走，品种不要太多，但要求快，应主动介绍制作过程快、价格中等的饭菜，注意有汤有菜；调剂口味：对此类顾客应该多介绍一些特色菜、创新菜及本地市面上少见的菜，如果是外地来客，可以推荐本地的特产；宴请：出于各种原因的宴请，如商务宴请等，这类顾客讲究排场，可以向他们推荐高端大气上档次的大菜，菜品介绍时要合理搭配，有高档的如海鲜，也要有调剂的时蔬青菜；聚餐：他们的要求是自己热闹，品种丰富，而菜品的数量其实不需要点

酒店服务员应该这样做

很多,可多介绍中档价位的菜,随客人口味安排。

最后,还有一些点菜的注意事项及细节。服务人员应根据顾客的心理需求、消费能力进行推销,当顾客点菜和人数不成比例,或在原料菜式、口味上有重复时,服务人员要主动提醒顾客;当顾客点的菜店里恰好没有时,应主动询问厨房或是推荐类似口味的菜品;菜单上应注明特殊要求及特殊情况;海鲜或是论斤的菜式应写明斤两、做法;注重本店急推的菜,最大限度地有利于酒店的运营;最后重复念一遍顾客所点菜式,供顾客检查,以免发生差错。

话术模块

模块1:"先生您好,听您的口音应该是四川人吧,我建议您吃我们店的泡椒鱼头,这道菜会很适合您。它口感细腻,但又带着你们四川人喜欢吃的麻辣味儿,价钱也实惠,是我们店的招牌菜,您可以尝尝。"

模块2:"您好,菜单上的菜都是按照菜系来分的,前面是川味,接下去是鲁味,再下去是……您喜欢吃什么口味,有针对性地选择就可以了。要不,我帮您推选几道菜?相信您会喜欢的。"

模块3:"先生,您是××人吧,前面有一道你们的家乡菜,估计您会喜欢。还有就是后面第三页是我们酒店的招牌菜,今天优惠打折,您也可以选择。这些菜是本地的特色菜,外地来的很多客人都会尝一尝的。"

第 2 章
服务过程中,不放过绝佳的销售机会

▌ "易"家之言 ▌

顾客希望餐饮业能够满足他们的要求,甚至希望能够高标准地满足他们的要求。要想使顾客满意,就要倾听顾客的心声。也就是说,餐饮业除了要填饱顾客的肚子外,更要满足顾客的心。

5 用心记住顾客的喜好,提供周到服务

服务员小李:"我们酒店的特色菜有很多,不知道您倾向于哪种类型呢?"

顾客:"随便推荐吧。"

服务员小李:"如果您喜欢吃清淡的,有清水娃娃菜、清炒油菜和清炒西兰花,至于营养类的,有真菌类和蛋白质类,还有其他的一些选择。您看您想了解哪一类?"

"你都说说吧。"顾客看着服务员。

"您先选择,选完之后我再跟您详细介绍。"服务员小李说道。

"我经常来你们这里吃饭,你们怎么能不知道推荐什么?",顾客的脸色变得有点难看,继续说道,"你们的服务态度也有些不好了,我就是因为不确定吃什么,才找你们推荐的,不是吗?"

酒店服务员应该这样做

问题解析

顾客经常去某家酒店吃饭,说明该酒店的饭菜符合顾客的口味。对于消费者而言,服务和口味是吸引人的主要方面。而对于那些常来光顾酒店的顾客,服务人员应该大致清楚他们都喜欢点什么口味的菜品。上述情景中,有一点令顾客心里不痛快,就是作为常来光顾酒店的消费者,服务人员居然没有记住他通常点餐的口味,没记住也就罢了,当顾客希望推荐时,服务人员也没有进行有效的引导,这就直接影响了此前顾客对酒店服务的良好印象。

应对策略

顾客让服务人员为自己选菜,服务人员不应推脱,应想办法去解决。顾客问酒店有哪些特色菜,肯定是对我们的菜品不了解,这时服务人员不能仅让顾客去看菜单,或只说一声"桌牌上都是我们的特色菜""您可以先看看菜单,上面都是我们的特色菜"这样的话,这其实并没有回答顾客的问题,就像顾客问"你们都有哪些酒水",我们却回答说"有很多种"一样,答非所问,甚至还反问顾客您喜欢什么酒水,这都没有了解顾客真正的消费心理,所以没能有效地回答顾客的问题。

酒店服务中有一条最基本的服务准则:服务人员已经站在顾客的角度进行思考,虽然还是无法为顾客找到满意的菜品,但服务人员已经为顾客尽到最大努力了。显然,上述情景中的服务人员并没有站在顾客的角度考虑,所以才把

第 2 章
服务过程中，不放过绝佳的销售机会

顾客的情绪勾了起来。

如果顾客再三让服务人员推荐，就说明他真的不知道该点什么了。即便服务人员让顾客自己选择，也应该先提供几套方案，根据顾客平时的口味，一步步进行引导和推荐，这样才能得到顾客的理解：哦，服务人员不能完全为顾客做主，因为害怕选错。

话术模块

模块1："先生，您是知道的，我们店最有特色的就是精品川菜，像这道××菜就是在电视烹饪大赛中得过大奖的，要不您今天就尝尝这一道？"

模块2："先生，我记得您好像是比较喜欢吃辣一点的菜，我们店有一款特色××菜，是由厨师长亲自掌勺的，应该非常符合您的口味，而且也比较经济实惠，顾客吃了都说不错，您今天不妨也尝一尝。"

模块3："先生，我记得您，您经常光顾我们酒店，您以前经常点××菜。我们现在还有另外一道菜，口味和您之前点的菜很相似，它的主料是××，配料是××，也是我们店的畅销菜，顾客反映都说不错，要不您也尝一尝？"

"易"家之言

对那些常来酒店消费的老顾客，服务人员一定要多留点心，努力记住他们都喜欢吃什么口味的菜，最经常点哪几道菜，有什么特殊的要求，等等，知道得多了，才能在服务老顾客的过程中游刃有余。否则，面对老顾客，却一脸茫然，在服务过程中就难免被动，给顾客的感觉也是服务不够贴心、周到。

6 超越顾客的期望值，给他们意外的惊喜

情景再现

一个三口之家来到餐厅，围坐在一张餐桌前，女客人点完餐后，轻轻说了句："我今天上火，点个清淡的素菜吧。"

小孩子吵闹说："妈妈，我要吃糖。"

爸爸说："不要闹了，马上就要吃饭了，一会儿就有你最爱吃的虾仁了。"

菜肴一道道地端上来，这家人吃得很高兴。在进餐快结束的时候，两位服务员轻轻走上来，后面的一位服务员托着托盘，前面的一位美丽大方的女服务员说："你们好，欢迎你们全家来用餐。按照规定，我们这里餐后有果盘赠送。此外，这位女士可能会喜欢这道甜品，绿豆泥，这是清热去火的，春天里很受一些客人的欢迎。还有这个冰淇淋甜品，可能这位小朋友会喜欢。这些都是我们根据不同客人的需要赠送的。祝你们今天用餐愉快。"

问题解析

酒店餐厅经营的是菜品，更是服务。服务，最重要的莫过于跟顾客做情感

上的沟通,达到情感上的共鸣。我们把顾客的需求记在心上,一点点的关怀和温暖,就会让顾客感觉非常好,顾客体会到的不仅是一流的服务,还有关爱。这样一来,顾客怎么会不认可酒店、不信任酒店呢?

所以,关爱是最大的付出,也将得到最大的回报。

根据顾客的需求,给予超值的服务,会让顾客有意外的惊喜。很多时候,我们提供服务的经济成本并不高,一道有助健康的小吃,一个提示,一点佐餐的辅助,就可能为顾客提供便利,消除烦恼,使他们的消费更加愉快。

其实,这种超值的付出,不仅仅在于主动给予,也在于有些时候能够宽容地接受顾客提出的种种要求。在顾客对酒店的某些方面表示不满时,我们也可以出于安抚顾客情绪的考虑做出让步。记住,顾客的索要不是无止境的,他只要达到心理平衡就可以了。顾客心里都有一杆秤,酒店的付出,顾客都是会看在心里的,酒店服务的周到、贴心,肯定会赢得顾客的信任。

话术模块

模块1:"女士您好,刚才您提到这道菜品口味咸了,我们特意为您制作了一道清淡的汤,可以用来调节口味,请您品用。对于我们服务不周到的地方,还请多多包涵,希望您进餐愉快。"

酒店服务员应该这样做

模块2："先生，很抱歉刚才上菜弄脏了您的外衣。感谢您对我们服务生的宽容。我们特意包好了本店制作的特色调料，可以用来烹饪，也可以直接佐餐，一点敬意，请您带好。希望您今天在我们这里用餐愉快。"

模块3："章先生，今天是您的生日，您是我们这里的老会员了，对老会员我们是不会不放在心上的。这瓶酒是我们店特别酿制的米酒，醇香清淡，算是送给您的生日礼物，希望您能喜欢。"

"易"家之言

人情是最可贵的。中国是个人情大国，维护好酒店与顾客之间的感情，是酒店服务达到一个成熟境界的体现。记住，你给顾客多少关爱，顾客就给予你多少信任和机会。

7 顾客点了一道菜，但是本店没有

情景再现

今天是张强跟女友交往一周年纪念日，两人来到酒店餐厅，准备度过一个浪漫的夜晚。二人找到一个靠窗的座位坐下了。这时，服务员刘云急忙上前准备为二人点餐。张强打开菜单便不假思索地开始点菜了。

第 2 章
服务过程中，不放过绝佳的销售机会

"来两只新鲜的鲍鱼，两只大闸蟹，再来一盘海参虾球。"张强一上来就点了好几样时令海鲜，按眼下的季节，张强点的这些海鲜正是鲜活的时候，可是今天为餐厅供货的商家却因交通堵塞，没能及时送来这些海鲜，所以他点的这些菜品店里全都没货。

服务员刘云便十分直接地对张强说："不好意思，先生，您要的这些菜都没有，换点别的吧。"

顿时，张强的脸色变得有些难堪，毕竟今天是跟女友的周年纪念日，而且女友前些日子就告诉他想吃海鲜了，今天千挑万选地来到这家餐厅，没想到服务员的一句"没有"就轻易地把他打发了。

问题解析

很多餐厅都会遇上情侣来用餐的情况，不用说大家都知道，既然是情侣同来，那么不是来约会的，就是来度过美好纪念日的。

他们既然选择这家餐厅，就说明对这里抱有很大期望，充满期待而来，却遇上了服务人员冷漠的言语，以及餐厅并不周到的服务，必然很失望，连带着纪念日约会也变得扫兴。

这个时候，服务人员应该对餐厅缺少食材，提供不了菜品，向顾客表达歉意，并且要及时想办法化解顾客心中的郁闷，解决问题，这样才能让顾客高兴而来，也高兴而归。

酒 店 服 务 员 应 该 这 样 做

应对策略

其实，酒店餐厅估清的状况时有发生，就算预先做好充足准备，也不能避免。但是即便如此，餐厅服务人员也不能就此怠慢顾客，说一句"没有"就一带而过，这不是认真帮助顾客解决问题的态度，也不是服务顾客的好办法。

在发生顾客点的菜处于估清状态时，很考验服务人员的临时应变能力。服务人员应立即为顾客推荐相似的菜品，或者在自己的权限范围内，帮顾客打点折扣，或者赠送一点小礼品，来安抚顾客内心的失落感。借此机会，服务人员也可以向顾客推荐本店的情侣套餐。

此时，还必须要照顾到顾客女友的情绪，可以赠送女士一杯饮品，或者用完餐请出餐厅经理为二人送上祝福、打点折扣，都是不错的解决办法。这样一来，本来有点扫兴的情侣还会因为服务人员的周到而感到这是一家十分有人情味的餐厅。

话术模块

模块1："二位，对于你们来说，今天是很重要的一天，首先恭喜二位。不过不好意思，今天的时令海鲜早上供货商给咱们送来了，但是咱们经理觉得今天的质量不是太好，不是特别新鲜，就没让留，所以今天您点的时令海鲜可能就做不了了。不过没关系，咱们家还有很多其他的海鲜也非常棒，像鱿鱼、扇贝、海螺，等等，都是个顶个的新鲜，要不我带您去咱们的海鲜箱看看，保准您满意。"

第 2 章
服务过程中，不放过绝佳的销售机会

模块 2："十分抱歉二位，今天的时令海鲜已经估清了，不过本店现在推出了双人份的情侣套餐，全餐下来比单点划算，您看要不要试试咱们的情侣套餐？而且现在只要是点了情侣套餐的顾客，还可以免费获得两杯法国原装进口的红葡萄酒！真的是十分划算，您看如果需要的话，我就为您报一下情侣套餐的内容？"

模块 3："首先向二位致歉，这两杯饮品是我们经理送给二位的。是这样的，今天的时令海鲜暂时估清了，这几道菜今天销售的异常火爆，现在这个时间想要十分新鲜的海鲜是比较困难的，所以二位，实在很抱歉，今天这几道菜可能无法提供了。不过咱们这里还有其他的菜也是相当不错的，您看，这道，这道，还有这道，都是咱们家的拿手好菜，还上过电视，名嘴食评家也推荐过的，二位不妨尝尝看。"

▌"易"家之言 ▌

菜品估清这种事时常发生，处理得好，顾客会觉得服务人员是真正为顾客着想，会从没尝到美味的失落情绪中走出来，吃完这顿饭也不会有太多不舒服的感觉。如果一旦没处理好，不仅会让顾客对菜品感到失望，同时对这家餐厅也会更加失望。

情侣来用餐，大部分情况下，两个人是来约会或是来享受纪念日的。他们希望来这里能吃得满意，留下美好回忆。所以这时候服务人员处理问题的方式，

酒店服务员应该这样做

就显得尤为重要了。只要抱着诚恳的态度耐心为顾客解决问题，来用餐的每一位顾客都会高兴而来，满意而归。

8 当饭桌上的菜品所剩无几的时候

厨房里传来消息，说现在剩下的菜不多了，只能做几个菜品。正当这时，几位顾客从门口走进来，坐到餐桌旁，拿起菜单开始点菜。

很不幸的是，顾客连续点了几道菜，服务员都说没有了，点到第五道的时候，服务员还说这道菜没有，失去耐心的顾客一下子忍受不了了，说："你们这是什么饭店，怎么点什么没有什么？"

服务员解释说："是这样的，今天刚好遇到一位客人，他带了好几十人来就餐，一下就把我们饭店的饭菜点得差不多了，今天真的很不巧。"

顾客说："那怎么办？"

服务员说："要不您下次再来？下次我们一定满足您的要求。"

听服务员这么说，顾客起身走了。

顾客本来想好好享受一下美食，而专门提供美食的酒店却说没菜了，这是

第 2 章
服务过程中，不放过绝佳的销售机会

一件很让人恼火的事情。

更让顾客接受不了的是，菜单上明明写着菜名，但是点一个，服务人员说没有，再点一个，服务人员还是说没有，真是有种被耍弄的感觉。其实，顾客的忍耐程度只能到第三道菜，如果到第四道菜还说没有，一般都会起身离去，并且对酒店的印象也不会太好。

应对策略

如果遇到饭店的菜品不多的时候，在顾客点菜之前，服务人员就应该告诉顾客真实的情况，让顾客自己衡量是否消费，如果让顾客拿着菜单点，点一个没一个，顾客会觉得这家酒店跟玩过家家一样，这会给顾客留下不好的印象。

话术模块

模块1："(顾客还没坐下)您好，真是不好意思，饭店里的菜品不是很多了，因为今天中午来了一百多人，一下订走了，他们一部分人在这里吃，一部分人打包，所以现在饭店还在为这事着急呢。不过还有几样菜品我们是有货的，如果您能点这几样菜品，我们可以满足您。这几样菜品，其实味道还是很不错的。"

模块2："先生，您好。很不巧，现在饭店剩下的菜品不多了。不过啊，剩下的这几道菜，都是我们饭店的招牌菜，相信能满足您的胃口。您看，这几道菜，价钱也很实惠。怎么样，点这几道菜吗？其他的都没有了。您可以考虑一下？实在对不住了，向您表示歉意。"

模块3："您好，欢迎光临，但是很不巧，我们饭店的菜品不多了，没法提供给您更多的选择。不过，剩下的这几道菜味道也是不错的，要不我给您介绍介绍？（介绍菜）您看，是不是觉得还可以？可以的话，我就让厨房开始做了，你们先休息休息，喝点茶。"

"易"家之言

酒店常有菜品不够的时候，这时服务人员要事先跟顾客讲清楚，不要等到顾客点菜的时候才说没有。虽然菜品不多了，但服务人员也不能因此就松懈下来，还是要着重推荐现有的菜品，这也是敬业精神的一种体现。同时，这样做也可以为酒店获取更多的经济利益。

第 3 章
CHAPTER 3

巧妙化解顾客的不满情绪，制造融洽气氛

不管什么样的酒店，都不可能做到百分之百令顾客满意。顾客对酒店的环境、房间、卫生情况、菜品味道、价钱等有不满情绪，乃至顾客之间产生分歧，甚至是不愉快，这都很正常。作为酒店服务员，跟顾客有最直接的接触，遇到顾客有不满情绪时，应该想办法巧妙化解，努力制造融洽气氛。

第3章
巧妙化解顾客的不满情绪，制造融洽气氛

 夫妻或情侣在点菜时，发生分歧甚至是不愉快

假日里阳光明媚，这一天餐厅里用餐的顾客不少，大家都是一副悠闲愉快的样子。一对情侣手挽手走进餐厅，男的衣冠楚楚，女的时髦大方，服务员热情地迎上前去，引导他们入座，微笑着把菜单递给他们。只见这位男士说："你们这里有什么特色菜？"服务员立刻报出本店最有特色并且也是今天的主打菜品，请这两位顾客挑选。男顾客高兴地说："那就给我们上一道黄金玉蹄。"

这时他的女友说："不就是黄豆炖猪脚嘛，油腻腻地吃那个做什么？"

男顾客有点扫兴，说："那就来个油焖大虾吧。"

谁知女友又说："油焖大虾就不油啊？白痴！"

男顾客感到有点没面子了，就说："要不，来一份豌豆虾仁，这个总不油腻吧。"

谁知他的女友嘟起嘴说："你难道不知道我最近一吃海鲜就过敏吗？"

服务员看到他们的气氛有点僵，就开始小心翼翼地想介入调解一下，她温声细语地说："两位慢慢点，我们这里的菜品还是很丰富的，你们不妨多仔细看

酒店服务员应该这样做

看,既然出来吃饭,当然就要点最符合自己口味的——"没想到服务人员话声未落,男顾客已经失去了控制,对女友粗声喊道:"出来吃饭,你怎么这么难伺候!"

女友也炸锅了:"你明知道我这几天不舒服,点个菜专门点你自己爱吃的,成心跟我过不去。"

男顾客有点失去耐心地说:"我看,我点什么你就吃什么,保准你就没病了。"

女友彻底发火了:"你说话怎么这么不讲理?早知道我今天就不来了。本小姐不跟你吃饭了!"说着,这位女士站起身就要离去。

服务员连忙微笑着对女客人说:"这位女士,都怪我们招呼不周,请您消消气,您看我来给您介绍一下菜品,我来帮您一起点,好不好?"女顾客这才消了一点气,正要坐下,没想到男顾客的火气却压不住了,他不仅不劝阻女友,还说:"你点的菜我也不爱吃,跟你在一起吃饭,我都饿了三天了,从来没吃饱过。"这下子,女友的脸色又变了,眼看着这对情侣就要在餐厅吃不成饭了。作为服务员,你该怎么办呢?

问题解析

夫妻或情侣在点菜时发生分歧,会直接影响他们在店里的用餐和消费。一般的朋友之间就餐,不会发生这种情况,因为朋友之间会礼貌而理性地对待这类问题,但是,作为夫妻或情侣,情形可能就完全不同了。

顾客来到餐厅,不管之前曾有过怎样的矛盾和心情,他们的目的就是要吃

第3章
巧妙化解顾客的不满情绪，制造融洽气氛

饭。所以，当顾客因为点餐而发生分歧，争执起来，甚至影响到不想再继续吃饭时，服务人员要积极平息他们的争吵，转移他们的注意力，协助他们正确点餐，让他们吃上最满意的菜肴。

在这一过程中，服务人员有两点要注意：第一，切忌不作为。顾客争执起来无法统一意见时，也有可能会把气撒到餐厅身上，或者干脆离开餐厅。对酒店来讲，这意味着客源的流失，所以服务人员不能对顾客的争执坐视不理。第二，切忌伺机误导顾客。顾客之间在赌气，做决定就不够理性，服务人员不应利用他们的赌气心理误导顾客，甚至狠宰顾客一把。这种意图很容易被识破，或者会让顾客在冷静后感到极其不爽。

面对一对情侣顾客的争吵，服务人员的情绪千万不要跟着一起紧张，要努力用一种轻松的口吻介入到他们的对话中，转移他们的注意力，提醒他们把注意力放到此行的目的——点餐、吃饭上。服务人员可以分别跟他们二人一一沟通，尽量选择让双方都满意的菜品，这样两人坐在一起用餐才会愉快。顾客如果因身体或其他方面的原因提出特殊要求，服务人员要积极满足顾客。可以说，处理类似问题是对服务人员服务质量的大考验。

话术模块

模块1："二位，请听我说一句好不好。我刚才听你们说，也听明白了一

酒店服务员应该这样做

些,你们二位可能今天有不同的口味和需求,这很正常,而且也没有关系呀,因为我们店有两大菜系的不同菜品,凉热酸甜辣麻一应俱全,还怕你们选不到适合自己的菜品吗?——(转向男士)我们本着女士优先的原则,首先请让我来为这位女士服务,您看可以吗?——(转向女士)这位女士,您是不是希望今天吃点清淡的菜品?——哦,您这几天过敏、上火?我建议您可以点这道翡翠豆腐汤,其中的菠菜是解毒的,如果这位男士觉得口味淡了些,也可以选这道玉米排骨汤,排骨是精选的,一点也不油腻,其中的白菜极为解毒。——我建议您可以再单点一个小吃绿豆泥,绿豆最败火。——(转向男士)好了,这位先生,其实我们店里有很多道肉食菜品,肉味鲜美,而且也不油腻,您和您的女朋友都能吃,比如这个……您还想再点什么吗?——建议您可以添一道汤。这道火腿汤嘛,恐怕熏制的火腿不适合您女友的过敏症状,建议您点这道芳香年糕汤,口感很好,里面有丝瓜,还有鲜肉丁,对你们二位都合适。"

模块2:"小姐,您可千万别生气,女人生气就不漂亮了。来,我来帮您选菜。您看看这道菜怎么样?如果您觉得贵,后面这道也是同样的菜品,只不过是草鱼而非江团,价格只是江团的一半,用料和做法都一样,也体现了我们的厨艺特色,我建议你们二位点这道菜就可以(适量地让他们点完餐,不要点得太多,因为这二位看起来胃口未必很好)。好,以上这些菜品数量应该已经够了,你们先用着,如果不够的话,可以再招呼我来加菜。"

第3章
巧妙化解顾客的不满情绪，制造融洽气氛

模块3："小姐，您消消气，您看，大家出来是为了好好吃顿饭的，所以，有问题可以慢慢商量。既然来到我们酒店，由我负责为你们服务，这也是缘分，如果服务不好，这也是我的责任，所以务必请您二位先留步，消消气。我来先把我们店的菜品向你们做一个介绍，好吗？——首先，非常欢迎你们这对帅哥靓女光临我们酒店，我本人很高兴能为你们服务。我们餐厅菜肴的特色是……刚才这位小姐希望吃到的清淡口味，其实在我们这里是有很多品种可供选择的，怪我一开始没有说清楚。而这位先生呢，我们的各类肉食品菜肴是很拿手的，其中有食材精当鲜嫩而不油腻的，包您和这位小姐都会喜欢。那么，接下来二位就来点菜吧……祝你们用餐胃口好。"

"易"家之言

危机时刻，"炫技"口才，迅速识别顾客的口味和需求，有针对性地提出有效建议，这不仅是高质量服务的表现，也是机智的表现。

2 顾客觉得某道菜没有做好，要求退菜

一桌顾客正在用餐，突然招呼服务员过来一下。服务员微笑着走过去时，一位顾客耸了耸肩，说："服务员，非常遗憾，你们这道火爆腰花根本不是应该有

的味道，腰子炒老了，盐还没有入味儿，应该撒盐，但你们用的是酱油，而且还是很难吃的生抽。这道菜做成这样，还不如我们自己在家里炒的味儿地道呢，喏，什么也别说了，退菜！"

问题解析

顾客对菜品的烹制手艺进行了全盘否定，甚至提出退菜的要求，这种情况在用餐时也时有发生。面对这种情况，服务人员的应对态度非常关键，态度甚至比对问题的如实评价以及事情的处理本身还重要。

应对策略

首先服务人员不要惊慌，也不要一下子跟顾客陷入僵局。服务人员的态度应该是放松的，对待问题不回避，诚恳地向顾客表明自己希望进一步了解情况。

服务人员可以让顾客多说情况，在说的过程中，顾客已经宣泄掉了一部分情绪。同时服务人员要注意观察顾客，判断他们做出这一举动的用意，是菜肴确实在烹制方面出了问题，还是他们的性格有点挑剔，爱小题大做，或者是他们有意找碴，不想付这道菜的钱。

大致了解情况后，服务人员要跟顾客多做解释，多交流，在双方的"拉锯"中再次掌握火候，把握分寸，最后决定如何对待顾客的退菜要求。

当然，在所有这些应对之后，还有一件最重要的事情要处理，那就是：事

第3章 巧妙化解顾客的不满情绪，制造融洽气氛

后总结这道菜的问题出在哪里，分析顾客产生这种反应的原因，评价服务人员的处理方式是否得当，等等。总之，要积极总结经验教训。

话术模块

模块1："先生，您别着急，我们会为您处理好的。这道菜是什么问题呢？——您说的是火候和咸淡的问题，对这方面的要求，顾客一般因人而异，您觉得火候有点老了，可是有的顾客还不喜欢太嫩的。咸淡嘛，每个顾客的口味差别也很大，您看，能不能为您再处理一下。如果每位顾客都因为不符合自己的口味习惯而退菜，那我们还真有点难以招架，请原谅。当然，没有让您对这道菜满意，我们也很过意不去。下面几道菜，我们会更注意一些，尽量保持肉块鲜嫩爽滑，腌制的时间久一点，保证入味。您看这样处理行吗？"

模块2："您看，先生，不好意思，没能让您满意。是这样，我刚才询问过了，这道菜品的加工烹制都没有问题，可能是火候不到位，厨师是按照通常的口味烹饪的，您看我们拿回去让厨师再加工一下，这样好吗？为了表示歉意，我们可以提供一道腌制的小菜，供您辅佐下饭。"

模块3："先生，请不要着急，可能厨师在火候的处理上存在一些问题，如果您确实无法接受这道菜，我们可以为您退菜，对于因此给您带来的不便，还请您谅解。您看，您是否还要加一道别的菜呢？"

酒店服务员应该这样做

▌"易"家之言 ▌

遇到类似问题,要委婉安抚,轻松化解。如果查明情况,责任主要在餐厅,顾客也确实不想接受这道菜了,那么就满足顾客的要求,同时对顾客进行安慰,并表达歉意。切记,就算责任不在餐厅一方,也不要跟顾客陷入争执中,那样只会影响酒店形象。

3 住这样的房间,对我来说是一种煎熬

▌情景再现 ▌

服务员把入住酒店的顾客带进为其办理好的房间,交代完房卡的使用方式,嘱咐完房间里的注意事项就离开了,顾客从始至终没说一句话。

不一会儿,这位顾客把客房服务人员找来,突然说:"你们这是什么房间啊?住这样的房间,对我来说是一种煎熬!"

客房服务人员请顾客把意见反映给前台。这位顾客又对前台说了同样的话:"住这样的房间,对我来说是一种煎熬!"这时候,酒店应该怎样应对呢?不理不睬,任顾客爱住不住吗?

第3章
巧妙化解顾客的不满情绪，制造融洽气氛

顾客对酒店提供给他的客房表示不满，而且是用带有很强烈的感情色彩的话来表达这种不满。具备一些心理分析能力的服务人员应该能注意到，顾客在表达不满的同时，也是在试图引起酒店的关注，期待酒店主动询问情况，进一步为他解决问题。所以，酒店方面应该从进一步询问顾客的感受、分析顾客的需求入手，寻求处理问题的恰当方法。

首先，顾客的感受到底是怎样的，服务人员应该进一步询问清楚。

其次，根据顾客的感受，判断这间房间是不是真的不适合他。他究竟需要什么样的房间？他的要求是不是在一个合理的范围之内？

最后，跟顾客做进一步沟通，询问他的想法、要求，或者给他提出建议，然后尽量予以落实解决。

话术模块

模块1："先生，看来您对我们这个房间不满意，没关系，您来到我们这里，我们就一定要让您住得满意。您看，能不能跟我说一说，究竟房间的什么地方让您不喜欢呢？——哦，原来是这样，您是觉得这个朝向的光线太暗，您的身体不适应。那么，我们可以给您调换一间朝阳的房间，保证光线充足，不过房间要小一些。如果要住大一点的房间，价格就要增加，您看这个朝阳的房间怎么样呢？"

模块2："哦，原来您是说屋子里透不过气来。其实这个房间的通风很好，而且窗户也可以推开，可能是之前没有开窗换气吧，空调的排风按钮也没有启动——哦，按钮就在门旁边。请原谅我们服务的不周之处，我们马上让客房服务人员为您进行处理，保证您入住后没有一点问题。"

模块3："哦，您说房间太小？不透气？洗手间的黄色叫您不喜欢？——是的，窗户是没法打开的，因为我们采用的是中央空调，统一换气。——什么，窗户不打开，您就没办法跳楼？先生，请不要开玩笑，您入住这里，我们要保证您的安全，也希望您能住得放心满意。您来到这里，就像我们的家人一样，遇到什么困难都可以找我们解决，请不要说这样过激的话。——哦，如果您是希望住带有阳台的那种房间，可以望到远处的海景，我们可以理解，不过这样的房间已经住满了。您看，您先在现在的房间里入住，等到海景房空出来，我们再给您换，怎么样？毕竟，海景房的价格要贵出两倍，而您现在这个房间，整洁优雅，朝向也很好，虽然看不到海，但可以看到另一边的花园街景。我们打开空调的换气档，房间里的空气很快就会流通起来，您看这样行吗？"

"易"家之言

顾客对于酒店的服务，总会带有这样那样的主观感受。服务人员要虚心听取顾客的意见，注意领会顾客提出的要求，积极满足顾客。对于本身不知自己想要什么,无所适从的顾客,服务人员也要迅速帮助顾客进行分析,做心理上的辅导,说服顾客进行理性、现实的选择。

4 餐具本来是新的,但是顾客要求更换

几位顾客点完菜后,服务员拿上餐具,顾客拿起餐具看了又看,然后跟服务员说:"麻烦你帮我们换一下餐具。"

服务员说:"这些都是新的,为什么要换?"

顾客觉得服务员不听他的话,于是叫道:"我不喜欢这套,我也没用过,换一下不行吗?"

服务员表示无奈,虽然接过餐具,但顾客还是感觉服务员不太乐意,于是也给出脸色,自言自语地说:"换一下餐具都这么大意见,叫你换肯定是有原因的。"

就这样,在整个用餐过程中,顾客的兴致都不是很高。

顾客无缘无故要求换餐具是常有的现象,因为顾客会有这样一种心理——如果换一个,也许餐具会好点,服务人员拿来的,或许已经放很久了。

这是典型的不信任心理,类似这样的顾客属于挑剔型顾客,他们喜欢做出一些挑剔性的行为,比如,叫服务人员帮忙买烟,或者叫服务人员把菜再热一遍,等等。其实,只要满足了他们的要求,这类顾客是很乐意进行高消费的。

当顾客要求更换餐具的时候,如果餐具还没有被使用,服务人员应该表现出很乐意更换的样子,因为酒店不会因此而有什么损失。

让顾客满意,是对服务人员最基本的要求。如果连更换餐具这样的要求都不能痛快地办到,顾客即便这次消费了,下次也很难再来光顾酒店,因为他没有享受到被重视的感觉。

话术模块

模块1:"好的,我这就去更换,您是需要一次性的餐具,还是经过消毒的餐具?(顾客回复后)好的,您稍等。"

模块2:"您好,请问这套餐具有什么问题吗?如果是我们做得不对,请您提出批评,我们一定会虚心听取。其实,我们一直都非常注重卫生问题,这套餐具刚从消毒柜里拿出来,是经过了高温消毒的,如果您觉得还要更换一套,那请您稍等,我再去给您拿一套来。"

模块3:"您稍等,我马上去更换,也欢迎您对我们的服务提出批评建议,

第3章
巧妙化解顾客的不满情绪，制造融洽气氛

我们做得有什么不到位的地方，请您指出来。顾客就是我们的上帝，您的意见非常有助于提高我们的服务水平。"

"易"家之言

不管什么时候，只要顾客提出要求，服务人员都应该尽量满足。如果过度在意顾客的要求是否合理，不但会浪费自己的时间，而且也会影响顾客的情绪，对双方都不好。所以，服务人员一定要谨记一点：只要顾客满意，就是皆大欢喜。

5 我经常吃这道菜，感觉你们这道菜味道不正

几位顾客吃了几口菜，其中一位便叫来了服务员，对服务员说："你们这菜，味道好像不是很正啊，我平时经常吃这道菜，你们这次做的是不是有什么问题？"

服务员说："不可能的，我们这里经常做这道菜，也没有顾客提出意见，是不是您的口味特别一些？"

顾客说："不可能，现在我的朋友也跟我一起吃，只要是我觉得好吃的，我的朋友都觉得好吃，不可能是我的口味的问题。"

酒 店 服 务 员 应 该 这 样 做

双方继续争论，最后竟然激烈争执起来，顾客要求服务员为他换一道菜，服务人员没办法，只好叫厨房又重新做了一道。

来餐厅就餐，顾客通常对饭菜都是很挑剔的。由于顾客对酒店的饭菜有更高的期待，所以一旦菜肴烹制得超出他的预料，或者不符合他的想象，他瞬间就会觉得菜肴没做好，不如他想象中的好吃，所以会跟服务人员进行一番理论。如果这个时候服务人员不承认顾客的观点，顾客会继续跟服务人员理论，直到服务人员同意给他换一盘为止。其实，换一盘菜后，或许还是一样的味道，但顾客就会吃得开心一些，因为心理上得到了满足。由此我们可以这样理解，有时候并不是酒店的菜做得不合格，而是顾客的期待太高了，实际跟期待落差大，所以造成了心理上的接受不了。

当顾客提出饭菜味道有问题的时候，服务人员要虚心听取，并接受顾客的批评。这样一来，顾客首先在心理上得到了满足，因为他的诉求有人在听了，自己也得到重视了，所以不会进一步为难服务人员。如果服务人员否认，并极力想为酒店开脱，事情就会变得越来越难处理。

第 3 章
巧妙化解顾客的不满情绪，制造融洽气氛

话术模块

模块 1："您好，先生，您是说菜有问题吗？感谢您给我们提意见，我去问问厨房到底是什么问题。您觉得这道菜应该是什么味道才好呢？我们下次一定让厨房做好这方面的工作。"

模块 2："这道菜味道不正？要不我叫厨师出来解释一下，也顺便叫他多听听您的意见，以后就能做出满足您口味的菜了。您稍等，如果这道菜的问题实在太大，那咱们就换掉它。"

模块 3："您好，真是不好意思，打扰您用餐了，这样，我去跟厨房问一下，看看是什么问题。当然了，这道菜如果真的很难吃，那很抱歉，这是我们的错误，我们会给您更换，如果只是稍稍有些欠缺，那样的话，还要请您多多包涵，我们以后一定会努力改进。"

"易"家之言

不管什么时候，只要顾客提出异议，服务人员就要虚心听取，并主动表示欢迎顾客对酒店的服务提出宝贵意见。当顾客感觉到被重视后，自然就不太好意思再要求服务人员换菜了。虽然没有换菜，但也不能就此把顾客的意见不当回事，而是应该认真进行总结。作为酒店的"衣食父母"，顾客的反馈和意见可以更好地促进酒店经营、服务方面的提升。

酒店服务员应该这样做

6 同样的菜，怎么你们比其他的酒店都贵

▶ 情景再现 ◀

晚上，在酒店的餐厅里，人们正在就餐。这时一群顾客走进餐厅，服务人员立刻微笑着迎上前去，安排他们就座，然后拿出菜单，请他们点菜。

其中一个顾客翻看了一会儿菜单，然后抬起头，没有点菜，而是对等候在一旁的服务员说："同样的菜，怎么你们比其他酒店都贵？"

这时，服务员感到挺尴尬，自己负责招呼顾客点菜，事先也没有培训过如何就菜肴的价格问题对顾客进行解释，这下子如何是好呢？

▶ 问题解析 ◀

顾客来餐厅消费，对菜的价格提出问题，其实很正常，因为他要知道自己的支出和获取是否成比例。面对这样的提问，服务人员首先应该注意观察顾客，看他提问的真正意图是什么。

首先，有些顾客不是在乎你的价格，而是就所发现的这个问题提出质疑，如果你的口才足以应对，事情也就过去了，回答得让顾客满意，还可能增加他对酒店的信任和消费热情。其次，有些顾客是决定在你这里就餐的，但他对价

第 3 章
巧妙化解顾客的不满情绪，制造融洽气氛

格问题还是有点敏感和在意的，担心在这里用餐被"宰"了，白白多花钱。还有一种顾客，对价格提出不满，可能是想改变在这里就餐的想法，他是否还决定在这里用餐，就看你如何积极挽留、"化险为夷"了。

此外，除了通过观察顾客做出判断，服务人员也要掌握自己餐厅定价的依据和标准，以得体的方式对顾客进行说明和解释。

这个时候，服务人员要镇定，向顾客做介绍时，一边要耐心地解释菜肴定价的依据，一边要突出本店的特色和优长，以吸引顾客的消费兴趣。对于对价格比较在意的顾客，可以向他们推荐一些有优惠的或者在定价上更为实惠的菜肴，注意要让顾客感到满意，而不要让顾客勉为其难，对在这里就餐感到不舒服。对于已经想要放弃在这里就餐的顾客，服务人员应该表现得更为主动热情，积极为他们推荐几道经济实惠的菜品，使他们在自己能够承受的价格范围内，同样享受到愉快的一餐。

话术模块

模块1："先生，请放心，我们菜品的定价都是有严格依据的。比如您说的这道水煮鱼，一般餐厅定价在40元到50元，而我们的定价是70元，这是因为我们选用的食材是最好的，不仅鱼本身是鲜活的，而且只取鱼肚部分，香料是从东南亚和南美进口的，使用的油是甲级的最有益健康的山茶油，连水都是精选的矿物质水,所以这道菜的味道必然跟一般的餐厅不一样,更不要说我们的厨师都是获得过银质奖章的资深厨师。可以说,您如果点了这道菜,别看定价是70元,但其实将得到真正超值的享受。还有,您说的这道酱牛肉的凉菜,我们的做法是……"

模块2:"阿姨,请您放心,这些菜的定价都是有严格依据的。我们这里的菜品食材好,吃着肯定会让您放心的,而且分量也足,您几位其实点几道这样的菜品再加一个汤就足够了,多了也吃不完,餐后还有免费赠送的果盘。其实,总体上消费幅度不大,您就可以享受到我们这里四星级的厨艺了。"

模块3:"先生,请您别着急,我们每道菜的定价都是有依据的,您看,这后面还有特色菜、特价菜,定价非常实惠,因为受顾客欢迎,消费数量大,所以我们有意将定价下调,一餐下来,不会比外面的餐厅多花多少钱,这一点请您尽管放心。"

▌ "易"家之言 ▌

顾客提出质疑,我们就要先判断其提出质疑的出发点和用意,再有针对性地做出解答和引导。积极地为顾客解除疑惑,做出引导,让他消费得满意,消费得愉快,也是我们的服务中应该包含的一部分。

要知道,凡事都有两面性,每个酒店的餐厅都有其亮点和特色,顾客在毫不客气地提出异议的时候,也是你积极地解释这些亮点和特色,积极地推销自己餐厅的机会。

第3章
巧妙化解顾客的不满情绪，制造融洽气氛

7 半个小时过去了，怎么菜还没有上来

情景再现

中午吃饭的时间，餐厅里挤满了前来就餐的客人，服务员跑前跑后异常忙碌。这时，餐厅角落里一张餐桌前的顾客，突然大拍桌子，生气地叫了起来："半个小时过去了，怎么菜还没有上来？"只见他眉头紧锁，满脸焦急的样子——可能是一位没有耐心的客人，也可能真的有事情需要赶时间。

其实，这一幕，是在餐厅里常常会见到的现象。顾客前来就餐，可能是饥肠辘辘了，也可能已经安排好用餐后要及时去往某个地方，不容就餐时间拖延太久，也可能餐厅让人家等待的时间确实已经超出通常的心理承受限度了，所以，顾客会对等候的时间表达严重不满。那么，作为酒店服务员，你应该怎样应对这种情况呢？

问题解析

遇到这种情况，我们可以先观察顾客，判断其状态和焦急程度，然后，确定下单至今的时间，弄清楚他已经等待了多久。

对顾客在上菜时间上进行的催促，要判断清楚属于哪种情况：顾客可能是

酒店服务员应该这样做

后面有安排,在用餐的时间上真的不能再等,也可能是心理上没有太久的耐性。所以,服务人员要酌情注意对顾客进行语言上的安抚,或者紧急为顾客安排立刻上菜。

应对策略

对顾客进行安抚,告诉他菜已经在制作过程中了,只不过这道菜本来需要的时间就比较长。可以请他先翻看一下杂志,或者再次为他添水。

询问厨房,掌握他的菜品的制作情况。

如果拖延时间委实过长,或者顾客时间紧急,真的无法再等下去了,就要紧急通知厨房为顾客额外安排立刻加工烹制,同时向顾客予以说明,告诉他在等候多久之后可以上菜。

服务人员在处理这类问题时,态度要放松,在对顾客表达歉意的同时,要尽量减缓顾客的焦躁情绪。

话术模块

模块1:"哦,先生,非常抱歉,用餐的人多,这会儿厨房是有点忙,我马上帮您问一下,请您先喝杯水。(询问过后)先生,您的菜已经在做着呢,请再稍微等一会儿就可以上菜了,实在是不好意思。"

模块2:"小姐,很抱歉,我看看您的菜单。哦,确实让您等了很长时间。因为这道菜是完全新鲜的,活鱼现宰,而且要腌制一段时间,紫砂锅的煲煮也

第 3 章
巧妙化解顾客的不满情绪，制造融洽气氛

需要花费些时间，所以还需要您再耐心等一会儿，菜品已经在加工过程中了。您可以先看看我们的杂志，您看……"

模块 3："先生，让您久等了，因为中午用餐的顾客比较多，我们招待不周，很抱歉。如果您赶火车的话，我马上为您催促一下厨房，把您点的这道菜提前，我保证一刻钟之内给您上菜，您看这样来得及吗？"

"易"家之言

配合顾客的时间要求，也是我们提供的服务的一个重要方面。现代人生活节奏快，顾客对就餐的要求不仅在于色香味，在于交易价格，还在于付出的时间成本——上菜的速度。

8 菜还没怎么吃，你们就上主食了

情景再现

餐厅里，一位女士在非常文静地就餐。看得出，她是一位通情达理的顾客，不容易产生什么麻烦。服务员在上过菜之后，就把女士所点的米饭端了上来。没想到，女士突然皱了皱眉头，抱怨说："哎呀，菜还没怎么吃，你们就上主食了！"

服务员对这位顾客提出的这个不满感到很惊讶，一时不知道该说什么才好。

酒 店 服 务 员 应 该 这 样 做

问题解析

其实,对于这样的抱怨,服务人员不必感到惊讶,因为,在餐厅服务方面,上菜的程序当然也是有讲究的。

一般是先上凉菜,再上热菜,主食后上。如果有酒水,主食可以稍晚再上,一般与上汤的时间同时。颠倒了这个程序,自然会叫顾客不舒服。有些细心的顾客,或者是对餐厅的服务期待值比较高的顾客,可能会对这方面"挑剔"得更细,要求得更高。而这样的顾客,可能也是比较愿意积极沟通的。

应对策略

主食上早了,这在餐厅服务中,不是什么大的失误,所以,这个时候主要考验的是服务人员的应对技巧,如果回答得让客人满意,不仅顾客会收起不满的态度,而且还会增加其对酒店的好感。所以,亲切热情、敏捷灵巧的应对态度是关键。

话术模块

模块1:"哦,不好意思,小姐,主食上早了是吧?来,我们先把它摆到旁边,不影响您用菜。我再为您盖上盖子,这样过一会儿吃米饭也不会凉了。祝您用餐愉快,有事情请随时吩咐我们。"

模块2:"真是不好意思,顾客一多,我也没有注意掌握给您上主食的时

第 3 章
巧妙化解顾客的不满情绪，制造融洽气氛

间。这米饭是现蒸的，可以先放一会儿，您过一会儿食用也很好。对于我们的不周之处，还请多多包涵。"

模块 3："抱歉，看来我们的上菜员是心急了一点。他大概是希望您想用主食的时候，随时可以取用，也不必再多等，呵呵。感谢您的指导，对于我们的不周之处，还请多多包涵，下一次我们一定改进。"

"易"家之言

在服务的小节上，如果顾客提出意见，更要多注意用委婉灵活的态度与顾客积极沟通，同时总结经验，以便今后可以提高细节上的服务质量。

9 顾客要求介绍某道菜的原料及制作方法

情景再现

餐厅里，四位顾客在一张餐桌前很斯文地就餐，服务员轻快而热情地为他们服务着。点菜，介绍菜品，摆放餐具，上菜，一切都进行得井井有条，顺顺当当，顾客们表现得也非常礼貌得体，通情达理。当最后一道菜上齐之后，服务员正要松一口气，离开餐桌，没想到这时一位顾客却突然抬起头，很有礼貌地对服务员说："可不可以为我们介绍一下最后这道菜的原料和制

酒店服务员应该这样做

方法？"

这时候，服务员应该怎样应对呢？

首先，必须说明，顾客提出的这一要求是非常合理而且积极的，也是顾客对酒店餐厅的厨艺予以认可和重视的表现。一般来讲，这样的顾客，应该是消费额度较高的，或者是餐厅的常客，当然，也不排除普通消费的顾客对菜品产生了兴趣。还有另外一种可能，那就是顾客不是在赞赏你的菜品，而是对菜品产生了不信任和质疑，他没有立刻表现出来，而是先进行调查询问，这种情况也是不能怠慢的。

所以，无论哪种情况，对于顾客提出的介绍菜肴的原料和制作方法的要求，都要积极应对，千万不可回绝。妥善地处理这个要求的过程，是最能体现酒店的服务水准的。

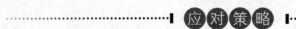

正式介绍菜肴的原料和制作方法，应该由这道菜的主厨来进行，这比由服务人员介绍显得更专业。所以，在顾客的身份比较重要或者厨师不是那么忙的时候，应该请厨师亲自到场，为顾客做介绍。

如果顾客只是一次普通的就餐，厨师又很忙，那么服务人员可以认真地为

第3章
巧妙化解顾客的不满情绪，制造融洽气氛

顾客讲解菜品的用料和制作方法。讲解的过程中，应突出酒店的厨艺特色和服务宗旨，同时积极为顾客推荐类似的菜肴，邀请顾客以后多来用餐。

如果顾客在听讲解的过程中，露出质疑和不信任的神色，服务人员应该进一步询问顾客的意见，虚心听取意见，对于顾客有误解的地方，应该积极进行解释，对于提示得准确、高明的地方，应该感谢顾客做出指导，并虚心接受。如果被顾客明显指出这道菜厨艺中的失误，服务人员应该真诚道歉，并积极调整。只有这样做，才能体现出餐厅服务的高水准。

话术模块

模块1："先生，很高兴您对这道菜感兴趣，这的确是我们餐厅珍藏秘方的特色菜，您看，我为您请来我们的主厨，国家厨艺比赛一等奖的获得者，为您做个解答，好不好？不过，这秘方的核心部分，按照规定我们还是要有保留的，呵呵，请您稍候。"

模块2："夫人，您的眼力真好，这道菜是我们酒店的主打特色菜，一直都很受顾客的欢迎。制作这道菜的主厨是××派厨艺的传人，他比较忙，今天就由我来给您做一下讲解吧。我们店里的服务人员对这道菜的特色和做法，基本都已经耳熟能详了。首先，它采用……，其次……"给客人介绍时要条理分明、抓住要点。

模块3："先生，谢谢您对我们这道菜的关注，让我来为您介绍一下……（顾客对其中的问题提出质疑）是的，这一点您说得也有道理，红花的食材，虽

然我们选用的不是藏红花,但也是新疆出产的一种质量很好的红花,这道菜的火候如果掌握到一半熟的程度,效果可能就更好了,看来您是美食名家,对烹饪很精通啊。您看,我们为您调配一点果汁佐餐,以缓解油腻问题,怎么样?非常感谢您的指导,下次我们一定会多加注意。"

"易"家之言

顾客问到菜品的制作,这是切磋酒店餐厅核心技术的好机会,服务人员要积极应对,不能表现出忽视或不知所措的样子,那样会使顾客对餐厅的专业性产生怀疑,从而影响餐厅在顾客心目中的形象。对待这个问题,服务人员的态度是:积极地介绍,积极地宣扬,积极地切磋,积极地听取意见。

10 这道菜不是我们点的,您上错了

情景再现

用餐时间,餐厅里的顾客进进出出不断,服务员穿梭奔忙着。几个年轻的男学生围坐在一张餐桌前等候,他们点的第一道菜端上来了。服务员放下菜盘后,刚刚转身离开,却听见几个男学生在身后突然对服务员说:"这道菜不是我们点的,您上错了。"

第3章
巧妙化解顾客的不满情绪，制造融洽气氛

上错菜，绝对是服务人员犯的一个错误。对顾客的提醒，服务人员应该马上核对，并表示感谢。顾客提醒得越及时，麻烦就越小。服务人员千万不能以任性的态度迁怒于顾客的好心提醒。

这个时候，除了及时调整失误，服务人员还要注意态度的调整，以及细节上的应对。比如，出了错态度要虚心，面带歉意地微笑是必要的，这样顾客就不忍心责怪你了；而出了错还理直气壮，这必然是让人反感的。在细节上，不要让顾客，包括周围旁观的顾客，对你的做法产生反感，比如，不管不顾地把这道菜又"啪"的一声摔到了另一张餐桌上，根本不拿顾客就要入口的菜肴当回事，这样会使顾客对餐厅在食品卫生安全问题上的信誉产生怀疑。

得到提醒后，服务人员应迅速做出反应，一边感谢顾客的提醒，一边立刻把菜拿到正确的餐桌上，并以周到、认真的态度让点这道菜的顾客容易接受这道被上了二手的菜。

如果这道菜在顾客反应过来之前，已经被吃了一两口，这时切忌不要当着提醒的顾客的面或点菜的顾客的面，以及其他顾客的面，把这道菜再次易手——这样会让顾客感到恶心乃至愤怒。所以一定要拿回厨房做处理，重新做一道，或者用微波炉杀菌处理一下，视具体情况而定。

酒店服务员应该这样做

要在面积大、顾客多的餐厅里尽量避免上错菜的情况，平时就应多做自我训练，记住餐桌座位号的位置，总结一些记住顾客面目的基本技巧，从而减少犯错频率。

话术模块

模块1："哦，抱歉，是我搞错了，感谢您的提醒，我立刻给点菜的顾客端过去，打扰你们了。（转换餐桌）您好，先生，您是点了一道××菜吗？抱歉让您久等了，这是你们点的菜，请您慢慢品用。"

模块2："您好，先生，让我来核对一下（核对菜单），您看这不是您点的菜吗？（客人记错，或者点菜的时候写错，双方沟通上出现失误，此时要与顾客及时、耐心核对）您看，先生，菜单上写明您点的是××，下单后现在也已经做好了，这道菜也是我们酒店的特色菜，很受欢迎的（争取让顾客接受）。您不妨就尝尝这道菜吧！"

模块3：菜品已经被吃了两口，顾客才想起这不是自己点的菜，于是马上招呼服务人员。"哦？是这样啊！不好意思，是我上错了，好的，我马上把菜撤下去，再为那边的顾客重新制作一份。（把菜拿回厨房，重新做一道，端到点菜的顾客的桌前）抱歉，让您久等了。这道菜是刚做出来的，请品尝，祝各位用餐愉快。"

第3章
巧妙化解顾客的不满情绪，制造融洽气氛

▍"易"家之言 ▍

服务行业考验的是真诚、耐心、细心，这是在服务行业胜出的关键，也是服务行业从业者显现功力之处。出现错误，一定要主动承担，及时纠正，严格自律，不能给顾客留下不愉快的记忆，要让顾客享受服务而不是忍受。

11 这道菜里面居然有头发，太不卫生了

▍情景再现 ▍

餐厅里秩序井然，顾客们都在愉快地用餐，突然，一张餐桌前的一位男士站了起来，愤怒地大叫道："这道菜里面居然有头发，太不卫生了！"

周围的顾客都惊愕地转过头来，看着这位男士，有人急忙低下头，检查自己餐桌上的菜肴，生怕也摊上这种倒霉事。

这个时候，餐厅该如何应对呢？

▍问题解析 ▍

对于餐饮业来说，卫生问题是需要关注的重点，如果顾客对菜肴的卫生状况提出质疑，这是绝对不可忽视的。出现这一状况，要特别注意餐厅的公共形象，餐厅管理人员要表现得沉稳大气，积极安抚顾客，语言得体，让顾客和周围的人

都感到餐厅是要真心解决问题,而不是推卸责任的。这个第一印象很重要。

在整个询问、表态、商谈、处理的过程中,餐厅方面要表现出关切和重视,积极安慰顾客,让顾客消除紧张情绪,逐渐恢复对酒店的信任。同时,餐厅方面要不动声色地查明原因,最终给顾客一个满意的处理结果。

餐厅出现了卫生事故,此时处理事故的重中之重在于维护酒店形象。要知道,妥善的处理能重新恢复顾客对酒店的信任。

应对策略

服务人员要郑重地走上前去,从态度上表现出关切和重视,这样可以让顾客先平静下来,然后向顾客询问情况,请顾客把出现的情况说清楚。服务人员要一边听顾客诉说,一边注意进行观察和判断,客观地掌握情况。

如果菜肴里确实混入了不卫生的东西,就要对顾客负责,首先请顾客放心,保证会对他进行补偿,然后倾听顾客的具体要求,再与他做进一步协商。

话术模块

模块1:"先生,您好,请别着急,一切都会妥善解决的,我们一定会处理得让您满意。那么请您先告诉我,到底出现了什么状况?(顾客指出了菜肴里的头发,服务人员观察这位顾客的神色、菜肴里的状况,以及周围人的反应,判断确实是菜肴里出现的意外)哦,真是抱歉,请允许我本人代表餐厅对您表示最诚挚的歉意。我们很少出现这样的问题,因为我们的厨房都是严格进行无

第 3 章
巧妙化解顾客的不满情绪，制造融洽气氛

菌操作管理的，厨师都是要戴上专业操作的卫生帽的。这道菜是个意外，出现这样的状况一定让您感到遗憾，这道菜我们现在就撤下，我们可以再为您制作一道，您看这样可以吗？同时我们还有一个小礼品提供给您，供您备用（治疗因饮食不卫生引起疾病的药）。"如果顾客有进一步的要求，比如这道菜肴打半价或免费，也在可接受范围，酒店可以应允。"尽管我们在财务上也有严格规定，但对于这种状况给您带来的不快，我们是负有责任的，所以这道菜可以打半价（或免费），请您放心用餐。最后，还是要请您谅解因我们的失误给您带来的不快，好吗？非常感谢。"

模块2："哦，先生，很抱歉，请您别着急，先说清情况，无论出现什么样的问题，我们都会妥善解决的。（倾听、察看）先生，不知您是否看仔细了，这里面不是头发呀，是发菜，制作扣肉用的配菜，发菜可是一种矿物质丰富、非常有营养的野菜……哈，没关系，发菜本来就因为长得像头发，才叫成发菜，所以请尽管放心——没关系，只要您用餐愉快，我们就达到目的了。"

模块3：服务人员发现是顾客有意为之，制造混乱，想吃免费餐。"先生，请别着急，出现问题我们一定会好好解决的，请让我看看是什么情况——先生，您看，您在用餐中出现了不快，我们也有责任，首先对您表示歉意。不过，这道菜的制作是有严格卫生标准的，不会出现这样的状况。您看，是不是上菜之后出现了什么意外状况？——很抱歉，我不是说您故意的，我们谁都有失误的时候，不过这根头发像钢丝一样粗，而且电烫过，我们这里的服务人员谁都没有这样的头发——先生，您到这里消费，让您满意是我们的宗旨，不过，这样

意外的情况，我们双方都有责任。您看，我在这里也调查了一下，头发应该是您自己不小心掉进去的，我们可以为您再加热消毒一下，不影响您的食用，您看怎么样？到我们这里用餐，我们在卫生安全问题上是绝对负责的，这一点真的请您放心哦。"

"易"家之言

严把卫生关，出现问题，要及时为顾客解决，并做出让利安抚。不能让顾客对饮食卫生提心吊胆，或者委屈忍受。酒店的形象和经营的灵魂，就在酒店处理问题的一举一动中体现。

12 顾客抱怨某道菜太咸或者太淡了

情景再现

餐厅里，一张餐桌上的菜已经上齐了，看到几位顾客正在专注地用餐，服务员放心地离开了。这时候，其中的一位顾客突然叫住了服务员："等一等，你们这道菜怎么做得这么咸呀？叫我们怎么吃呢？吃下去都难受！"说着，顾客把筷子一摔，扔到了桌子上。周围用餐的顾客也随之投来探询的目光，这时服务员急忙又返身回到餐桌边。她该如何解决这个问题呢？

第3章
巧妙化解顾客的不满情绪,制造融洽气氛

问题解析

对于这样的问题,难点不在于怎样处理,而在于应对的态度,服务的效果全在于礼貌、周到、得体的态度上。因为,菜肴咸了,可以回锅稀释,淡了可以补充盐,而顾客的满意度,可能更来自于应对的技巧和态度。

应对策略

注意观察顾客,表现出关切,聆听顾客的抱怨,予以适当的解释,同时征求顾客对于改善菜肴、解决问题的意见,予以妥善处理。

话术模块

模块1:"哦,女士,您是感到这道菜口味太咸了吗?(倾听抱怨,肉咸,汤也咸,已经感觉不出其他调料的香味了)嗯,我明白了,是这样的,这道菜本来就属于重口味,如果不处理得重一些,里面的这种野味有些顾客反应会有点吃不惯。当然,每位顾客的口味是不一样的,口味清淡的顾客就吃不惯了。其实,可以加杯清水佐餐,边吃边稀释一下,因为我怕如果回锅稀释,原味就破坏了,您看这样行吗?"

模块2:"哦,女士,请别急,这个问题我们一定会处理好的,一定会让您用餐满意。您先说说是什么状况?(倾听,观察)可能是我们的厨师出现了失误,平时这道菜根本不会这么咸。好的,我马上为您调换一下,另外做一道。"

酒店服务员应该这样做

非常抱歉,请您稍候一下。"立刻重新加工或重做。

模块3:"女士,请别着急,您能先对我说说情况吗?(倾听,观察,判断)其实,这位女士,这道菜的汤就是咸的,这样的话,可以慢慢浸到肉里面,因为肉不能煮太久,事先腌制又会影响鲜嫩感,所以,就以汤咸来弥补菜淡。您可以再品尝一下,您看,是不是我说的这样?——果然是吧,其实慢慢吃这道菜就显得不那么咸了,我们可以为您加工处理一下,但如果把汤稀释了,继续食用一会儿,您可能还会觉得口味不够重了。"

▎"易"家之言 ▎

咸与淡,只能表明顾客的口味,考验的却是我们服务人员的服务态度。

把顾客每一次提出的最小的不满,也要当作是考验和提高自己的服务水准的契机。顾客提出的不满或问题,也是就菜品的质量或服务问题与你进行交流、切磋、探讨,我们要善于抚慰顾客的情绪,耐心地观察、倾听、判断,最后妥善地解决问题。

第 4 章
CHAPTER 4

对待特殊顾客，个性化服务更贴心

不同的顾客不仅有不同的消费需求，还有不同的心理需求，因为每位顾客都是一个独立的主体，他们都有自己的性格和消费特点。所以，酒店要求服务员要能够针对特殊顾客的要求进行个性化服务。如果所有的顾客都千篇一律地对待，势必会损失掉一部分特殊顾客。

第4章
对待特殊顾客，个性化服务更贴心

 顾客没有按预定时间前来用餐

餐厅里用餐的人可真不少，此时几位顾客走了进来，其中一位顾客问服务员："我们下午订好的餐桌在哪儿？麻烦带一下路吧。"

服务员问道："请问先生，怎么称呼您？"

顾客说出了自己的名字，服务员查看了订餐记录，发现这位顾客定的是晚上7点就餐，但现在都已经10点钟了，所以酒店没有给这位顾客继续保留餐位。于是服务员对顾客说："先生，真的不好意思，您已经超过订餐时间，您下午定的餐桌，现在已经没有保留了，现在其他顾客正在用餐呢。"

顾客说："那怎么办？总不能让我们回去吧？"

服务员表示无奈，说："我也没有办法，您没有按照预订时间来就餐，酒店当然不能给您保留了，因为还有其他顾客需要就餐。"

最后这位顾客带着他的朋友离开了酒店，并表示以后再也不来这家酒店了。

酒店服务员应该这样做

问题解析

顾客没有按照预订的时间前来就餐，这让服务人员安排起来很为难，但有些顾客是有特殊原因，比如路远，或者需要等朋友到齐了才能一起来，等等，这些都是可以理解的。如果服务人员不理解，或者不给予一些个性化的服务，顾客势必会对这家酒店感到失望。

此时，如果拒绝顾客的要求，酒店可能永远失去这位顾客。因为酒店给这位顾客的印象是这样的——这家酒店不给自己面子，自己也就没必要支持这家酒店了。

应对策略

一般来说，顾客既然已经来到酒店，就不会想着再选择其他酒店了，如果让顾客选择了其他酒店，那么，以后这位顾客就很难再光临这家酒店了。当然，顾客预订了餐桌，却没能准时前来用餐，酒店也不能一直等他。酒店服务台应该有顾客的联系方式，这种情况下，酒店可以提前通知顾客，尽量不要在顾客不知情的情况下，把餐桌转给其他顾客使用。

如果事先没办法及时通知，而顾客之后又已经来到酒店了，服务人员就应该想办法满足顾客的要求，虽然已经无法提供之前预定的餐桌，但起码可以安慰一下顾客，并积极想一些办法让顾客消磨时间，等有空桌的时候安排顾客就餐。

第4章
对待特殊顾客，个性化服务更贴心

话术模块

模块1："先生，您好。真是糟糕，您预订的餐桌没有被保留，我们都以为您不会来了，因为时间过去得太久了。不过您不用担心，我去帮您找餐桌。您先稍等，我去查看还有没有空余的餐桌。（过了一会儿，服务人员查看完餐桌），先生，很幸运，刚好有一桌顾客用餐完毕了，我可以给您安排进去，您看行吗？跟您之前订的那个包厢差不多，也是一样的价钱。"

模块2："您好，真的很抱歉，您订的餐桌，现在已经没有再为您保留了，我们以为您不会来用餐了。没有及时通知到您，是我们的服务不到位，这样，我让厨房给您上几道小菜，来点瓜子什么的，您先到大厅休息，那里可以免费上网，估计等一会儿就有空余的餐桌了，到时候我来通知您，您看行吗？"

模块3："您好，先生，欢迎光临，但是您之前订的餐桌是晚上7点到9点之间的，超出这个时间后，酒店以为您放弃就餐计划了，所以就不再保留预订的餐桌了，现在都10点钟了。您看这样行吗？您要是不赶时间的话，再稍等半小时左右，等会儿有顾客用餐完毕，我通知您。这段时间，您可以参加一下我们五楼举办的一个活动，一个乐队在五楼进行表演，您可以点几杯啤酒，我会让酒店给您打折，您先欣赏音乐，等有了空余的餐桌，我去通知您，这样行吗？"

酒店服务员应该这样做

"易"家之言

并不是每一位顾客都能按预订时间前来就餐,顾客改换时间是常有的事。对于这些顾客,酒店应该做好防备,推出一些专门应对这部分顾客的活动或者办法。要按当时的具体情况,尽量灵活地为这些特殊的顾客解决问题。

2 来用餐的顾客中有带着孩子前来的

情景再现

餐厅里,就餐的顾客很多,服务员和传菜员忙得一塌糊涂。突然,几位顾客推门而入,其中还有三位小朋友。小朋友的天性是很调皮的,他们一进入餐厅就开始唧唧哇哇地追逐打闹。这样很影响其他顾客就餐,于是服务员上前阻止。

服务员说:"小朋友,不要吵闹了,会影响到其他顾客就餐哦。"

这时,小朋友的爸爸妈妈走过来,管教自己的孩子,可孩子还是不怎么听话,没多久又打闹起来。这时,服务员忍无可忍,上前跟顾客说:"您好,不好意思,请您看管一下您的孩子,这样会影响其他顾客就餐的。"

这时顾客有些不高兴了,心想,我们也是顾客啊,怎么就不能想个办法安顿一下我们?于是拉着小朋友走了,走的时候还说:"没见过这样的酒店,小朋友闹点怎么了,我们去别家消费去。"

第4章
对待特殊顾客，个性化服务更贴心

其实，顾客是知道孩子不能在公共场合吵闹的，但顽皮是孩子的天性，一时没法看管过来也可以理解。顾客考虑的是，自己带着孩子来就餐，有点特殊之处，所以很希望餐厅方面能提供一些特殊的照顾，希望服务人员能帮他们分担点什么，比如看管孩子之类的。可是，服务人员不但不帮忙分担，反而给顾客制造压力，这让顾客觉得自己根本就不会得到特殊照顾，自然也就不会选择在这里就餐了。

服务人员遇到带孩子来就餐的顾客，要做到手勤、眼勤、嘴勤，帮着顾客照顾孩子，或者尽快安顿好顾客的座位，让小朋友有坐的地方，这样小朋友就不至于满餐厅地追逐打闹了。

另外，服务人员不能直接要求顾客看管好自己的孩子，这样会让顾客觉得服务人员是在指责自己，或命令自己，顾客肯定会觉得不舒服，脸面上挂不住的。

话术模块

模块1："小朋友们好，欢迎你们到XX酒店用餐。来这边请，来，跟叔叔走，叔叔带你们去找你们的座位。"顾客坐下后，服务员要尽快安排点餐，不然小朋友不能安定。同时，吩咐另外的服务员过来帮顾客（家长）放好包包或者大衣等物品，防止顾客分身不暇。

酒店服务员应该这样做

模块2:"欢迎光临!(上前为顾客开门,并帮忙照顾孩子)小朋友们,这边请。现在还没有空余的座位,这样吧,叔叔带你们到休息厅玩好不好,跟爸爸妈妈们一起来吧,玩一会儿就可以用餐了。您可以先点餐,点完餐,厨房开始准备你们的饭菜。五号桌二十分钟后就用餐完毕了。等会儿我通知你们。好不好?好,这边请。"

模块3:"欢迎光临!来,这边请,小心台阶,我先给您安排好餐桌。"如果顾客推着婴儿车,服务人员可以帮顾客推婴儿车。"来,我帮您推婴儿车,哇,小朋友好可爱啊。好了,在这边就餐吧,这边比较安静,我怕那边太吵,吵到小朋友。"

"易"家之言

不管什么时候,遇到什么状况,只要顾客需要帮助,服务人员就应该伸出帮助之手,这样才能让顾客感觉到贴心和温暖。

3 遇到心情不好的顾客怎么办

情景再现

服务员正在接待一位女顾客,这位女顾客跟她的男友一起来就餐,但是这

第4章 对待特殊顾客，个性化服务更贴心

位女顾客让服务员很为难。女顾客坐在餐桌前，一声不吭，好像刚跟男友吵过架，服务员走过去问她："小姐您好，请问吃点什么？"

女顾客瞟了服务员一眼，很不耐烦地说："你才是小姐呢，怎么说话呢？"

服务员连忙解释："对不起，我不是那个意思。请问您要点什么菜呢？"

女顾客说："你很着急吗？一定要现在点菜吗？"

服务员说："不是，您现在不点也行。"

女顾客把菜单合上说："那不就结了，我现在没心情点菜，想点菜的时候再叫你吧。这儿没你什么事了，别烦我了。"

服务员觉得顾客很没礼貌，于是说了一句："有问题也不是生气就能解决的啊，再说也不是我惹你的。"

这时，顾客更生气了，拿起包包走出了酒店大门。

问题解析

当顾客心情不好的时候，不管服务人员说什么话，顾客都会回一两句气话。其实，这类顾客并非故意刁难服务人员，也不是纯粹想来捣乱的，他们只是想通过这样的方式减压，让自己不好的情绪快快过去。如果服务人员不理解，不适当配合一下，顾客势必会继续生气下去。当然，如果服务人员硬碰硬地继续跟这类顾客"交流"，最后的事态肯定是不欢而散，顾客甩手走人。

酒店服务员应该这样做

应对策略

遇到心情不好的顾客,最好的办法就是转移交流对象,比如,对方有朋友陪同的,就尽量跟顾客的朋友交流。如果对方说了为难服务人员的话,服务人员最好一笑置之,努力化解因顾客的不良情绪带来的气氛,转移话题和注意力。

当然了,服务人员最好不要说太多话,越是简单越好。同时,不能催促这类顾客,因为他心情已经很不好了,如果服务人员还催他,他势必更加着急,并想通过为难服务人员来解气。

话术模块

模块1:(看脸色,判断顾客是不是心情不好,如果是,那就要跟顾客的朋友交流)"您好,请问有什么可以帮到您的吗?没事,你们二位可以先商量好,待会儿我再过来。"

模块2:"您好,祝您周末愉快,也祝您把不愉快的一切都丢掉。请问现在您需要点什么呢?如果您现在还没心情点菜,您先坐着,待会儿如有需要可以大声叫我,没关系,请先用茶。"

模块3:"您好,欢迎光临,这边请。小姐,有什么需要,您尽管吩咐(尽量少讲话)。"

第4章
对待特殊顾客，个性化服务更贴心

● "易"家之言 ●

当顾客生气的时候，服务人员要尽量少说话，多做事。少说话，是因为你不知道顾客到底是因为什么而生气，一旦说得不合适，反而更麻烦；多做事，可以让顾客觉得你很贴心地在为他做事，或许他的情绪可以渐渐平复下来，这样一来，你的服务工作也会更好做一些。

  随行的顾客当中有老人

● 情景再现 ●

餐厅的顾客很多，服务员和厨师都忙得不亦乐乎，突然门口走进来几位顾客，其中有两位老人。服务员上前打招呼："欢迎光临，你们好，请问有什么我可以帮忙的吗？"

其中一位年轻的顾客正在扶着老爷爷缓慢地往餐桌前走，服务员拿来菜单摊开问道："请问点什么菜呢？"

此时，年轻人有些不高兴，说道："你先别忙着推销你的菜了，我爷爷还没坐下呢。"

这时，服务员感到很尴尬，没有继续说话，等大家都坐下后，服务员再次拿着菜单摊在年轻人跟前，年轻人没有拿起菜单，而是把菜单移到老爷爷跟前说："爷爷，您看，您喜欢吃什么？"

酒　店　服　务　员　应　该　这　样　做

这时,服务员开始喋喋不休地推销菜品,老人把菜单合上,说:"别推销了,我知道要吃什么,我们来这里就是要消费的,年轻人,别着急。"

此时,服务员只好"闭嘴"了。

当有老人来到酒店的时候,很明显,年轻的顾客都想给足老人面子,更想让老人享受到前所未有的特殊照顾。如果服务人员的交流以年轻顾客为主,那么老年顾客不高兴,年轻的顾客也就不会高兴。因为中国人有以老为尊的习惯。特别是在餐桌上,如果服务人员老是询问年轻人,忽视老年人,老年人和年轻人都会觉得很尴尬。

遇到同行的顾客中有老人的情况,服务人员应该发挥五勤,即眼勤、手勤、腿勤、嘴勤、耳勤,及时观察老人需要什么帮助。比如,进门的时候,要主动上前搀扶老人,就座时主动帮老人脱下大衣,点餐时先给老人看菜单,对老人的称呼可采用老爷爷、老先生等,仔细听老人说什么话,我们就做什么事。当然,在服务的过程中,要以老人为中心,以年轻人为辅。

话术模块

模块1:"老先生,欢迎您的光临,来这边请,小心台阶,我来扶着您。您

第4章
对待特殊顾客，个性化服务更贴心

身体真不错，这么冷（热）的天都能出来活动，真好。多出来走动走动，享受一下美食，是最好不过的了。我们酒店的美食最适合像老先生您这样的顾客，等会儿啊，我好好给您介绍介绍。"

模块2："欢迎光临，很高兴你们来到我们酒店。老先生，来这边请，我帮您保存大衣。（点菜的时候）老先生，您看您还需要点什么，您尽管开口就行了，非常欢迎您能光临我们酒店，瞧您的家人都对您围前围后的，您真是太幸福了。"

模板3："（结账的时候，应该跟年轻人交流）您好，您今天的消费是××元，真的很高兴您到酒店来消费，欢迎您下次光临，也带老爷爷一起来。现在像您这么孝顺的年轻人真的很少了。（转向老年顾客）老爷爷，您真有福气，儿子这么关心您，请记住我们这里，欢迎您下次光临啊。"

▮"易"家之言▮

老年人是长辈，一般都需要进行特殊照顾。如果你照顾好了老人，那么就意味着其他顾客你也照顾好了，因为其他陪老人来消费的顾客也是为了让老人开心才来的。所以服务人员可以把更多的服务时间用在老人身上，努力让老人开心。

酒店服务员应该这样做

5 有感冒的病人前来用餐

一位顾客在点餐的时候，不断地打喷嚏，这时服务员说："您是不是感冒了？如果感冒了可能会影响其他顾客。"

这位顾客似乎有点不太高兴，说："怎么，我感冒也不太严重，就是打喷嚏而已，不至于影响别人。"

服务员说："要不这样，您到药店买点药？"

顾客说："至于吗？你不是在赶我吧？"

服务员有些不知道该如何应对，于是赔笑说："不是，我怎么能赶您，您是我们这里的顾客，但是就怕您的感冒会传染给其他顾客，我也是为了其他顾客的健康着想，要不我给您拿个口罩？"

这时，顾客彻底生气了，说："拿口罩？那我还怎么吃东西，你真是会开玩笑。算了，不在这儿吃了，我们走。"说着，这位顾客跟他的朋友一起离开了酒店。

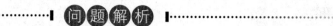
第4章
对待特殊顾客，个性化服务更贴心

问题解析

顾客感冒，已经觉得很难受了，可他还能坚持来酒店消费，这从某一方面也说明了对酒店的认可，但是服务人员不但不给予关照，还因为顾客感冒的事而喋喋不休，还对顾客提出种种要求，这就严重刺激了顾客，最终的结果就是顾客另选别家消费。

其实，顾客可能只是一点点小感冒，如果不是那样，他哪里还会有心情来用餐。这一片热情，生生被服务人员的几句话浇灭了。因此，这绝对是一种非常错误的服务态度。

遇到感冒的顾客，服务人员要对顾客的病情表示关切，并通过实际行动为顾客提供帮助。比如，可以吩咐厨房为顾客熬一碗姜汤，或者好心提醒顾客感冒不能吃哪种类型的菜，等等。

另外，酒店还有其他顾客，为了避免将病毒传染给其他顾客，服务人员要委婉地邀请顾客到包厢里面用餐。在邀请的过程中，不能直白地跟顾客说："因为你感冒，怕传染给其他顾客，你得跟其他顾客进行隔离，我给你安排了一个包厢，你到包厢里面用餐吧。"这是万万不可的，这样会直接刺激到顾客。处理这种情况，考验的是服务人员的说话艺术。

酒店服务员应该这样做

话术模块

模块1:"您好,先生,是有点感冒了吗?这样吧,我吩咐厨房给您熬点姜汤,喝了可能会好点。等会儿我再安排您到靠里面一点的位置就座,那里温度稍微高点,您在那里不至于着凉。"

模块2:"先生,您这喷嚏打得很厉害,是不是感冒了?这天气最容易感冒了,要不我到药店给您买点药?您先看菜单,看好了待会儿告诉我,我先去给您买点感冒药。如果您不嫌弃的话,我安排您到包厢里面坐,那里面更安静,您可以好好休息一会儿,而且里面的温度稍微高点儿,不至于着凉。"

模块3:"先生,我建议您还是别点这道菜了,虽然这道菜是我们酒店现在重点推荐的,但它对您的感冒没有什么实际帮助。我建议您点一些清淡的菜,利于消化吸收的,您看怎么样?当然,吃什么最终由您自己决定,我们只是提个建议。另外,如果不嫌弃,我们的柜台备有一些常用感冒药,要不我给您拿点儿?"

"易"家之言

当遇到感冒的顾客,服务人员要给予更多的关心,对顾客表示关心能换取顾客的信赖。当然,服务人员不能针对顾客的病情一个劲儿地说,点到为止,既表现出了关心,又照顾到了酒店的环境管理,这是最好的服务方式。

第4章 对待特殊顾客，个性化服务更贴心

6 更好地为外地顾客推荐酒水和菜品

情景再现

几位顾客在菜单上翻来翻去，找不到自己想要吃的菜品，也不知道菜单上的酒类都有什么特点。

这时，服务员说："这些酒都是很好的，各有各的好处，每种都是我们酒店精心挑选的。"

顾客看了看菜单，还是不知道哪种更好，于是问道："能给我们介绍一下吗？"

服务员有些无奈，因为菜单上的酒实在太多了，也不能一一介绍啊，于是笑了笑说："您要我介绍啊，这么多酒，估计我都能介绍到明天了。"

顾客自然不能强求服务员了，再加上这几位顾客都是外地人，出门在外，也不强求这么多了，于是随便点了一瓶酒。喝了这瓶酒之后，个个都抱怨酒很难喝。他们打算在这里待上一个星期的，但是在这家酒店喝到这么难喝的酒，他们决定剩下的几天去别家餐厅就餐了。

酒店经常会接待来自五湖四海的顾客。遇到外地人，他们的饮食习惯也

酒店服务员应该这样做

许跟当地不太一样,如果他们没有了解,最后吃到的食物跟他们的饮食习惯相差太远,他们会把酒店定义为不适合他们的口味,所以下次也不会选择这家酒店了。

应对策略

遇到外地来的顾客,服务人员应该多化一些心思去为他们服务。服务人员应该想办法了解顾客是哪里人,然后根据他们的饮食习惯去介绍他们喜欢的菜系和酒水。比如,顾客如果是四川人,可以向他们介绍辣一点的菜品,如果是山东人,可以介绍他们吃鲁菜,如果是广东人,可以介绍他们吃甜食,等等。所以,针对这些情况,服务人员平时要多学习,多积累知识,了解各地的饮食习惯,才能更好地为顾客服务。

话术模块

模块1:"您好,听您的口音,不是本地人吧?——是四川人?我们酒店有一些很好的川菜,希望你们在这里能找到家乡的感觉。还有一些是本地菜,你们也可以尝一尝,也许口味跟川菜不一样,但是既然来到这里了,尝尝当地的特色也是一种体验嘛。您看,怎么样?"

模块2:"欢迎你们的到来。本店有各种菜式,能满足不同顾客的口味,有酸辣的、麻辣的、甜的,还有卤味的,当然也有我们本地有名的腌菜。我们这里的腌菜跟其他地方的腌菜不太一样,我们这里的腌菜……,您可以尝尝,既

第4章
对待特殊顾客，个性化服务更贴心

然来到这里，可以尝试一下这里的食物嘛，不是有句话说得好嘛，走遍天下，吃遍天下。"

模块3："你们好！欢迎大家来到我们这里。我们酒店是本地最有名的美食天堂，厨师都是本地有名的厨师，我来给你们介绍几道我们这里的特色菜……等一会儿，你们要是感兴趣，也可以到厨房看看厨师是怎么制作这几道菜的，很有意思。知道你们远道而来，不太熟悉这里的菜式，我多给你们介绍一些，让你们多了解一些本地的饮食文化，多几种选择，希望你们吃得开心。"

▌"易"家之言 ▌

遇到外地顾客，服务人员要更多地介绍当地的菜式，让顾客在吃饭的过程中也能了解到当地的饮食文化，这是顾客最想知道的。所以，这就要求服务人员要具备很好的描述能力，要知道，完整地表述一个地方的菜式特色，是需要有更多的知识作为积淀才能完成的。

7 顾客朋友聚会，时间很晚了还没有要走的意思

此时已经是半夜12点，在餐厅里，有几位顾客还没有走，他们正满怀激情

酒店服务员应该这样做

地喝着啤酒,吃着美味,聊着天。但是这个时间已经超过下班时间一个半小时了,该怎么办呢?

这时,服务员小斌终于忍受不了,于是上前劝说:"各位,实在不好意思,我们酒店已经打烊了,今天实在是有点晚了,要不您几位改天再来行吗?"

顾客有些不高兴,正喝在兴头上,却突然被打扰要求结束酒宴,于是有人站起来说:"你是怕我们付不起钱吗?"

小斌不知道如何应对才好,他继续解释道:"我们酒店真的要打烊了,我们10点半下班,现在已经12点钟了,请您谅解好吗?"

说到这里,顾客还是不高兴,气愤地说:"你们酒店就这么几个人吗?就不能轮班吗?要不然你们可以下班啊,我们在这里喝酒,也不需要你们了,走的时候我们把钱放在这里就行了。"

很明显,他们已经喝多了。但是有一位顾客还是清醒的,他上前说:"你这样,我们再聚一会儿,一会儿就走。"这位清醒的顾客也不愿意这么快就结束这场聚会。

无奈,小斌只好陪着这几位顾客一直熬到凌晨,第二天上班时他无精打采的。

此时的问题在于顾客正在兴头上,服务人员贸然前去打扰,自然会让顾客不高兴。另外,服务人员说话过于直白,没有委婉地提出请求,而是以通知式的口吻跟顾客说话,顾客听着也不舒服。

第4章 对待特殊顾客，个性化服务更贴心

应对策略

遇到这种问题，服务人员要逐个瓦解，首先跟头脑还清醒的顾客沟通，然后让顾客劝说他的朋友早点回家。

另外，服务人员要以关心的口吻说现在已经很晚了，该回去休息了，同时透露出此时已经是酒店打烊的时间，这样顾客会觉得自己应该离开了。

话术模块

模块1："（看哪位顾客还没有喝多，就上前跟他沟通）您好，先生，我看您的朋友都喝得差不多了，现在也12点多了，您看，您怎么送他们回家呢？需要我们帮忙吗？要不我给您叫辆车，先把他们送回家？再说酒店也打烊一个多小时了。趁您现在还清醒，我看，您还是先把他们几个送回家吧。不然他们再喝多，就麻烦了。毕竟身体重要啊。"

模块2："各位，今晚各位的用餐还满意吗？（对方如果说满意）满意就好。我是酒店的服务人员，有什么需要帮忙的，尽管吩咐。其他几位也是酒店的服务人员，也可以随时吩咐。不过我看现在也12点钟了，各位不着急回家吗？要不我出去帮你们叫辆车，几位先回家休息吧，改天再来继续喝怎么样？毕竟酒店现在也打烊了，再晚，我们连门都出不去了。哈哈，开玩笑，我看各位也玩得很开心，我出去帮你们叫车吧。（等顾客答应，再出去叫车）好嘞，你们稍等会儿，我叫到车马上回来告诉你们。"

酒店服务员应该这样做

模块3："你们好，很高兴各位光临我们酒店就餐，（看一看手表）我看了一下表，好像现在已经12点了，我们酒店的经理告诉我，现在酒店可以打烊了，其实10点半的时候就打烊了，但是见各位这么高兴，我就没有打扰各位，瞒着经理延长了打烊时间。不过我看各位也喝得差不多了，也尽兴了，要不我们改天再聚？先回家休息，好不好？"

▍"易"家之言▕

当顾客朋友聚会，很长时间都不走的时候，服务人员要想办法让顾客知道，现在很晚了，该回家了。如果顾客还是清醒的，应该不会拒绝服务人员的请求。如果顾客喝多了酒，服务人员应该找一位没喝多酒的顾客进行交流，叫他来帮助服务人员做其余几位顾客的工作。

8 提着贵重物品前来用餐的顾客

▍情景再现▕

餐厅里的顾客比一般的时候要多，这时走进来一位顾客，他带着一只箱子，看起来应该是出差来了。服务员上前招呼："先生您好，欢迎光临。"

顾客把箱子拿在手上，好像要找一个更为安全的地方把箱子放好，服务员看出来了，说："先生，私人物品要保管好啊，要不我帮您保管也行。请问您吃

第4章
对待特殊顾客，个性化服务更贴心

点什么？"

这时，顾客显得不太放心箱子，于是说："算了，还是我保管吧。"

但是顾客在点餐的过程中还是表现出了对箱子的不放心，看了几眼菜单，最后还是没有点菜，提起箱子走了。

很明显，这位顾客箱子里装着的是贵重物品，他怕酒店没能力帮他保管好，于是他可能放弃就餐，或者在吃饭的过程中也没法安心，草草吃点就走了。这是一种特殊的顾客，如果服务人员能把顾客的箱子保管好，顾客就会在酒店放心地消费了。

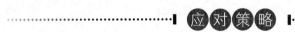

遇到提着贵重物品前来就餐的顾客，服务人员有义务咨询顾客需不需要保管物品。如果需要保管，先问清楚是不是贵重物品，贵重物品会不会贵重到酒店没能力保管。如果物品实在贵重，超出了酒店保管能力，服务人员可以向顾客提供更为靠谱的保管物品的公司的联系方式，或者帮顾客安排。这样一来，顾客才能安心就餐，如若不然，顾客会忐忑不安。

酒店服务员应该这样做

话术模块

模块1:"先生您好,很高兴您能光临本酒店用餐。请问有什么需要帮忙的吗?您的箱子需要保管吗?如果是贵重物品,还是保管起来比较好,因为在大厅里用餐的人挺多的。"

模块2:"先生,您的物品实在太贵重了,我们酒店估计没这个能力帮您保管,您可以向专门的保安公司请求保管,我可以帮您联系保安公司,他们马上就会派车来接恰您。等您保管好物品再用餐也不迟。"

模块3:"您好,我来帮您保管好物品。是十分贵重的物品吗?(如果顾客说一般贵重而已,那么服务人员可以帮顾客把物品拿到储物室里保管,并把钥匙交给顾客。然后再安排顾客点餐)先生,您现在可以点餐了,放心吧,您的物品我已经帮您保管好了,我们酒店会负责您物品的安全的。"

◀ "易"家之言 ▶

酒店总是会遇到一些特殊的顾客,他们有着特殊的服务要求,有时候我们要因人而异,因事件而异。比如,在贵重物品的保管上,我们不能所有物品都帮顾客保管,如果是超出酒店保管实力范围的,就要建议顾客找更专业的公司来负责保管好物品。

第4章
对待特殊顾客，个性化服务更贴心

9 与投诉的顾客也可以建立良好关系

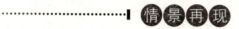

小红正在忙着招呼顾客，突然有电话打到前台，说要找小红。小红过去接电话，电话那头出现了一阵抱怨的声音。原来，打电话的是昨天下午来这里就餐的一位顾客。

顾客说："你是什么服务员，我就没见过这样的。我昨天去你家吃了水煮鱼，到现在还拉肚子，当时是你建议我吃的，你是不是想害死我呀？"

小红听到顾客这么投诉，马上意识到这是一个很严重的错误，但是这事谁也不希望发生啊，而且酒店从来没有出现过顾客因为吃水煮鱼而拉肚子的情况。于是小红跟顾客说："先生，您确定是因为吃了我们的水煮鱼才拉肚子的吗？"

顾客生气了，说："那还能假吗？"

小红无法接受顾客对自己的投诉，但也没办法说服顾客，在电话里，两人并没能解决问题。

其实，顾客不见得是因为吃了酒店的饭菜而拉肚子，这或许是巧合。但是

酒店服务员应该这样做

顾客在很生气的时候,小红却一个劲儿地帮自己找理由开脱,这一点让顾客心里很不爽。照这样发展下去,两人也争论不出一个所以然来,然后又把顾客得罪了,酒店也因此流失了一位客源,再严重点,顾客向消费者协会投诉,那样的话,就会直接影响到酒店的声誉了。

应对策略

正确的应对策略是,小红应该问清楚事情的来龙去脉,然后耐心地接受顾客的批评,并在语气上缓和下来,向顾客道歉。不管事情是不是小红的错,跟顾客道歉后,顾客自然会变得理智起来,只要顾客理智起来了,那么交流就有效许多,最后谁对谁错,原因在哪里,也就容易查找了。

话术模块

模块1:"您好,是吗?那我真的犯下大错了,那您现在的身体没有大碍了吧?要不这样,先生,等会儿我询问厨房,看是不是把您的菜做错了,我再检查一下自己,看是不是哪里搞错了。要不是您这么说,我还以为昨天我对您的服务很周到呢。这样,先生,您下次来的时候,我们好好讨论一下,这水煮鱼是不是有什么问题,如果有问题,我们酒店得给您一些赔偿才行。"

模块2:"您好,啊,太不好意思了,我犯下了这么大的错误竟然不知道。谢谢您的电话,我会注意我的服务方式的。这样,我现在马上过去,带您去医院检查,我也检查一下水煮鱼,看水煮鱼是不是有什么问题。以后,也请您对

第 4 章
对待特殊顾客，个性化服务更贴心

我们酒店提出更多的宝贵意见，这样我们的服务才能得到提升。"

模块 3："您好，让您身体不舒服了，我真的非常抱歉，也谢谢您对我工作的提醒。先生，要不这样吧，为了表示我的歉意，也为了弥补我工作上的失误，我陪您到医院检查一下身体吧，拉肚子拉坏了身体也不好。另外，我想邀请您到我们酒店，就我的错误提出批评指点，也让我借这个机会向您赔礼道歉。您看行吗？我们酒店的声誉全靠您了。"

"易"家之言

当顾客投诉的时候，我们要真诚地接受投诉，并表达歉意。当然，不管顾客投诉的是不是正确，我们都要向顾客表示感谢，因为顾客的每一次投诉都是对我们服务标准的新要求，只要我们认真地按照顾客所说的去做了，那我们就是最好的服务人员了。

第 5 章
CHAPTER 5

真诚服务，化解意外的尴尬与纠纷

有时候，顾客的一个小失误或者小误会，会让顾客自己很尴尬；有时候，服务员服务过程中的一些小失误，会惹得顾客很生气。带着这样的情绪在酒店消费，顾客的心情肯定不爽。怎样才能化解意外的尴尬与纠纷，让顾客由不舒服转为舒服，这是服务员应该努力的方向。

第5章
真诚服务，化解意外的尴尬与纠纷

 顾客要求服务员喝酒，拒绝还是从命

餐厅里，一伙就餐的顾客正围坐在一张大圆桌前，酣畅地饮酒，做东的顾客一直站着忙前忙后地招呼着他的各位来宾，这时，他突然转过身，冲着服务员大叫道："服务员，对了，就是那位服务员小姐，请你过来一下。"负责这张桌子的服务员听到招呼，立刻微笑着赶了过去，没想到这位顾客说："服务员，请你陪我们喝一杯酒！"服务员微笑着摇了摇头，解释说按照酒店的规定，这是无论如何不可以的。但是，这位顾客无论如何都要服务员喝下他手中的一杯酒，说否则就是不给他面子。眼看着，如果服务员答应了，就违反了酒店的规定，但是如果坚持拒绝，这位顾客就显得很下不来台。这可叫服务员大大地为难了。

顾客到餐厅里就餐，除了最基本的吃饭的目的，往往还有其他目的，比如有人是为了招待宾客，有人是为了放松心情。有时候，有的顾客为了给自己的餐桌增添气氛，或者在朋友面前炫耀面子，或者满足一时兴起，就会对服务人

酒 店 服 务 员 应 该 这 样 做

员提出这样那样的要求。陪酒不是一个普通的要求，除了上述心理，顾客也可能带有低级不健康的用意，所以当顾客提出这样的要求时，服务人员首先要判断清楚顾客要求陪酒的真正用意。

服务人员应该保持轻松、镇定，坦率地面对顾客，观察其用意。如果顾客有不健康的想法，服务人员可以严肃拒绝，以"公司不允许"为由进行解释，并巧妙地回避开。如果顾客是想为款待来宾助兴，调节气氛，或者只是顾客一时的心血来潮，服务人员可委婉地进行解释，尝试引开顾客的注意力。根据场合和气氛，如果顾客出于真诚邀请，服务人员也可以礼貌得体地满足顾客的这一要求。

话术模块

模块1："您好，先生，感谢您的邀请。不过公司是不允许我们在工作期间饮酒的，更不允许在顾客的酒桌上饮酒。所以，我代表我们酒店，向您和您的朋友们问声好。大家今晚来到这里，就是我们之间的缘分，请大家吃好、饮好、聊好、玩好，我们几位负责您这张台子的服务员，就在那边，如果有什么要求，请随时招呼我们。请大家好好用餐。"然后离去。

模块2："张先生，我们确实有规定——（顾客一再要求）——看得出您很有雅兴，你们这边也很有气氛。诸位都是很有文化、很有品位的来宾，欢迎你

第5章
真诚服务，化解意外的尴尬与纠纷

们的光临。张先生是我们这里的老顾客了，是我们的贵宾，我本人不能违背公司的规定，但我一定要以茶代酒，欢迎各位的光临，也感谢张先生的邀请。"然后，别的服务员迅速为其端上茶杯，取代顾客的酒杯，用茶水向这桌顾客致敬。

模块3："张先生您别误会，我不是不给您面子——好吧，既然您这样有兴致要我陪一杯，今天还是您的生日，那我就破例违反公司的规定，也破了我自己的例——因为我是滴酒不沾的。这杯酒是为各位助兴的，感谢各位嘉宾的光临，也祝张先生生日快乐，新年大顺。来，我直接干了。"

"易"家之言

凡事都要看场合，看用意，场合决定事情的性质。陪酒也不例外。低级的有辱人格的陪酒，服务人员坚决不做，但对于人情范畴的要求，服务人员要善于委婉地对待。在顾客确实诚意邀请的情况下，顺应气氛和场合，服务人员可以对顾客做出热情的回应，把陪酒变成祝酒。

2 顾客不小心损坏了餐厅的物品

一位先生在用餐时，不小心把酒杯打翻在地，酒杯"哗"的一声碎掉了。

酒店服务员应该这样做

一位女士叫的一份菜肴，端上来时盛放在盖着盖子的瓷罐里。服务员离开后，女士揭起盖子，突然发出"啊"的一声尖叫，把盖子掉到地上打碎了。热气从容器里冒了出来。瓷罐的盖子实在是太热了。

还有几位顾客，走进餐厅后，不顾场合地打打闹闹，突然，其中一个胖胖的顾客被同伴猛地一推，只听"砰"的一声响，拐角处的一个花架被撞翻了，一个名贵的花瓶碎了一地。

问题解析

顾客损坏了餐厅的物品，物品是有价格的，损坏的情景也是有目共睹的，这些都是不争的事实。但是解决问题的关键，不在于这些事实，而在于处理问题的方式方法。类似这样的事情纯属意外，对于顾客和酒店双方来讲，都是损失和麻烦，所以服务人员处理起来一定要耐心、周到。毕竟顾客选择我们酒店，就是我们的"上帝"，出现意外，我们一定要照顾到顾客的感受。这类问题处理得好，也是酒店形象和服务水准的一次成功展示。

应对策略

遇到类似问题，首先要做的是安抚顾客，让顾客平静下来。然后，在一个尽量轻松、彼此尊重的气氛下，大家才能谈得上如何解决问题。

第 5 章
真诚服务，化解意外的尴尬与纠纷

话术模块

模块 1："先生，是杯子碎了吗？——哦，没有关系，请您不要动，别扎伤了您，我们马上就来处理，给您换一个新的杯子，不会影响您用餐的。"（结账时，根据顾客的消费情况和杯子的价格，可以做出免除赔偿和经过协商确定部分赔偿或全部赔偿的决定，作为对一场小意外的处理，要尽量优待顾客）"先生，感谢您的光临，我们的宗旨是让您用餐满意、用餐愉快。您是我们的老顾客了，那只杯子我们就不计入在内了。真的没有关系。欢迎您下次光临。"

模块 2："哦，女士，没关系，请让我们来打扫吧。这只盖子太烫了，是吗？这是我们的失误，我们马上收拾好这里。希望您在这里用餐愉快。"

模块 3："先生，非常欢迎您光临我们餐厅，您来到这里，就是我们的贵宾。不过，今天的事情真的有点遗憾，先生，您看，您一进来时，我们的引导小姐就不断提示您了，但是当时您一直在说话，都没有太注意。如果您正常走路，是根本不会撞到这里的，可惜当时您的那位朋友推了您一把，力道有点大，是不是？您看，当时您整个人都仰过去了，谁想去拉住您都来不及呀，所以，发生了这样的事情，我们也感到非常遗憾。您看，我们是不是可以协商一下这件事？一方面我们必须给公司一个合理的交代，另一方面这件事的处理也一定要让您满意。"

酒店服务员应该这样做

"易"家之言

顾客不小心损坏了物品，无论对于顾客还是酒店，都是一次意外，一次或大或小的事故。这个时候，首先要考虑的是如何安抚顾客，让顾客放松情绪，不至于太尴尬，然后，再按照事情的责任和损失的金额，采取宽容的原则跟顾客进行协商处理。切忌借此机会对顾客不依不饶，甚至乱敲竹杠——那样真正损害的将是我们酒店的根本信誉和形象，且损失是不可弥补的。

3 顾客不小心弄脏了床单

情景再现

客房服务人员在为顾客打扫房间时，发现床单上有一块特殊的污渍，是无法清洗掉的，这条床单就算报废了。

服务人员能够看得出，这是顾客不小心把床单弄成这样的。他只能立刻通知管理员，准备与顾客对此事进行协商。

问题解析

顾客在酒店入住消费时，可能会遇到这样那样的问题，一不小心就出了意外，给酒店造成损失。遇到这种情况，还是要因地制宜，依据具体情况来酌情

第 5 章
真诚服务，化解意外的尴尬与纠纷

处理。处理这类问题的前提是不能伤害顾客的自尊，然后再考虑尽量减少酒店的损失。

酒店的宗旨是为顾客服务。顾客不小心弄脏了床单，这是一种比较私密的情况，由此可以透露出一些信息，比如，是不是顾客的身体出了什么状况，或者发生了其他的事情。酒店可以在力所能及的情况下主动提出帮助，这样在解决床单问题之前，就已经跟顾客拉近了距离，而且绝对会收到来自顾客的感谢。

如果床单是可以补救的，服务人员适当地对顾客做出提示就行，请顾客在后面使用床具时稍加注意即可，尽量减少让顾客因支付赔偿而承担损失。

如果床单的确已经报废，可以告知顾客，根据顾客的消费情况，做出免除赔偿的决定，或者与顾客协商要求其做出半价或全价赔偿的决定。无论是提醒和告知，还是协商要求赔偿，态度都要和悦，语气都要委婉，不要让顾客感到难堪，这是作为服务人员起码应该做到的。

话术模块

模块 1："亲爱的女士，我是本房间的服务员，非常高兴能够为您服务。不过，有个小问题，我要提示您，请您不要介意哦。就是这个，可能您也注意到

酒店服务员应该这样做

了,我知道您不是故意的,我只是对您稍作提醒,因为这种情况很难处理,很可能床单就要报废了。所以希望您稍加注意才好。好的,希望您入住愉快。"

模块2:"晚上好,先生,我是您房间的保洁员,请问今天的服务您还满意吗?您还有什么需要吗?我有一个小小的提示,就是今天的床单出现了这种情况,这是无法清除掉的——没关系,您一定是疏忽了,我们有责任对您做出及时提示,尽量减少您的损失。也希望您能够在这里入住愉快。"

模块3:"先生,我们希望您在这里住得愉快。当然,有一点小小的遗憾,您所在楼层的负责人和保洁员已经汇报给我们了。我们酒店在这方面有严格规定,床具损耗到一定程度就不能再使用了,所以这条床单恐怕要报废了。按照我们与您签署的入住协约,出现这种情况,顾客需要做出一定的赔偿,不知您的意见如何?当然,希望这个小插曲不会影响您入住的心情。还请您理解和支持我们的工作。"

▎"易"家之言 ▎

对待顾客要真诚。顾客入住酒店,应该让他们感受到宾至如归的温暖氛围,如果出现了问题,可以及时提示,协商解决。一方面,酒店对于顾客因不小心而造成的意外,要予以宽容大度的处理,只要损失不超出一定范围,就尽量减少顾客的额外支付和麻烦。另一方面,一旦出现需要理赔的状况,也要耐心、委婉地对顾客解释清楚,注意不要伤及顾客的自尊心和入住的心情。

第5章
真诚服务，化解意外的尴尬与纠纷

 顾客把洗手盅的水喝了，怎么办

在酒店金碧辉煌的餐厅里，一道手抓肉端上来，服务员为每一名就餐的贵宾端上一小盆水，为的是让顾客在进食这道菜之前再次洁净双手。可是，一位顾客拿起小盆，服务员还没来得及劝阻，他就一仰脖把这一小盆水喝下去了。

这时候，在座的其他顾客和在场的服务员都愣住了，负责为这位顾客服务的服务员怔怔地站在那里，这该怎么办才好呢？

处理这个事情的根本点有两个：一是为顾客的卫生安全着想，采取紧急处理；二是得体地提醒顾客，为其提供另外的洁净双手的服务。但是，这都不是处理这种事情的关键所在。关键所在是服务人员怎样既清楚地提示了顾客，又能叫顾客不至于当众颜面扫地，尴尬无比。如何维护好这位马虎的顾客的自尊心，这才是考验服务人员服务艺术的时刻。

酒店服务员应该这样做

应对策略

面对这种意外，无论是为继续引导顾客清洁双手起见，还是为使顾客继续愉快地用餐起见，都要把误饮的事处理得轻描淡写，不能让顾客事后感到恶心。

然后，根据那盆被误喝下去的水的性质，在顾客用餐结束后，可以为其提供一小包防止肠胃不适的药。

整个处理过程要轻松、敏捷，以挽回刚才没有及时提示和阻止顾客的失误。而且，在引导顾客时要幽默、体贴，善于把握顾客微妙的心理，在顾客出现冒失之举后，要善于给他吃定心丸，让顾客接下来有心情继续吃好这一餐。

话术模块

模块1："哦，先生，怪我怪我——请快把水盆还给我——"迅速接过顾客的水盆，然后以体贴的私密的态度，亲切地说："先生，这水是绝对可以饮用的，干净的，但是我们必须要提示您注意洁净双手。"然后换过另一盆水，这回绝不再撒手，对顾客说："好了，现在，请按照我的提示去做，好吗？首先，请将您的双手放入水中，然后请清洁您的双手，以备下面吃香喷喷的手抓肉哦。"这时，在幽默的引导中，顾客也就恍然大悟了。他可能会为刚才喝下去的水懊恼，这时服务人员要及时安抚顾客："先生，那水本身是干净的，都是我们从饮用水净化机里接出来的，您尽可放心。希望您用餐愉快。当然，我们也要做一些防范措施，一会儿我会送您一些防止肠胃不适的药品。"

模块2："哦，先生，请不要喝，快把水盆给我——看来您真的是渴了，没关系，这盆水是为给顾客洗手准备的，但它绝对是干净的，我再给您换一盆。都怪我们没有马上提醒您，这是我们的失误。（顾客拒绝再用这样的水洗手）好的，没关系，我们也准备了高级消毒纸巾，具有更好的清洁效果，只不过有些顾客喜欢用水洗，我们才保留了这个做法。请您稍候——请您放心，怪我提醒不及时，刚才的水是可以饮用的。真的很抱歉，为表达歉意，我们为您准备了一份小礼物。希望这个小插曲不会影响到您用餐的好心情。"小礼物就是防止泻肚子的药品。

模块3："哦，小姐，请停一下——抱歉，我没有及时告知您，这水虽然是可以饮用的，但却是我们为了您洁净手指撕抓羊肉准备的。不过，没有关系，我们马上为您再提供一次洁净措施。我们的不周到之处还请多多包涵。"顾客突然出现敏感的想呕吐的反应，这时服务人员的态度要放松，"好啦，真的请放心，这些洁净手指的水采用的都是可饮用水，保证没有问题。瞧，这里还有××（防止腹中细菌的药品）以及清新口腔的水果糖，希望您收下，能够接受我们的歉意。"

▎"易"家之言 ▎

针对顾客的心理和生理反应，在轻松体贴的氛围下，及时处理突发的意外事件，保证顾客能够有心情继续用餐。顾客就餐出现这样的意外，服务人员是有责任的，所以要诚恳地向顾客道歉，这能体现出高质量的服务态度，同时，也可以给尴尬的顾客一个台阶下。

酒 店 服 务 员 应 该 这 样 做

5 地面光滑，顾客摔倒了要求赔偿

情景再现

中午用餐时间刚到，一位顾客就早早地来到了酒店餐厅。此时，餐厅的入口处地面刚刚被清洗过，还没有完全变干，因此地面有些打滑，而这位顾客走路较快，结果一下子摔倒了。他"哎哟哎哟"地叫了几声，大声喊道："你们怎么搞的，把我摔死了，我告诉你们，你们酒店必须赔偿我！"

问题解析

顾客在酒店餐厅意外摔倒，酒店要负一定责任。这个时候，负责处理这件事情的服务人员，一定要弄清楚顾客摔倒后的身体状况，然后与顾客耐心协商，妥善解决问题。

应对策略

顾客来酒店消费，要享受相应的服务，而一旦出现意外，救助也应成为服务的一部分。要知道，一家连起码的安全都不能为顾客提供的酒店，肯定不是好酒店。

第 5 章
真诚服务，化解意外的尴尬与纠纷

遇到此类事情，酒店餐厅要有人迅速过来处理，要发自内心地关切顾客的安全，重视顾客的感受，并对顾客给予温暖的安抚。然后，由一个懂得外科救助的服务人员，根据顾客摔伤的严重程度，决定如何对其进行救护。遭此意外，顾客肯定会对餐厅一肚子气，因此，负责处理这一问题的餐厅管理人员不应回避问题，而应与顾客耐心沟通，尽量想办法消除顾客的怒气，不要让顾客对酒店产生不好的印象。

话术模块

模块1："哦，先生，您还好吧？请不要动，让我来看看，您摔到了哪里？——好的，请您告诉我，这里感觉怎么样，是不是很痛，您看我们要不要送您去医院检查一下？"顾客只是摔疼了，并没有受伤，他想继续进餐。"好的，这边请，小心一点。"如果顾客没有提出赔偿，餐后可以赠送顾客果盘或茶点等小食品。如果顾客提出在餐费上赔偿，餐厅可以考虑适当地给予一定折扣。

模块2："哦，小姐，您看，需要去医院吗？——好的，您说不用去医院，但需要立刻休息。那好，我们一起护送您回房吧。——可是您的午餐怎么办呢？您说不想吃了，这样不利于您的健康啊，这样吧，您的午餐，我们将为您送到房间里，这一餐由我们免费提供，以表达我们对您的歉意。"

模块3："好的，先生，既然您这里动不了了，我们马上送您去医院吧。来，请慢慢起来，请放心，我们将派专人全程陪护您，一定会保证您的安全。及时到医院检查一下，大家才能放心。至于您提出的赔偿问题，我们会按照事情的原委，承担我们应该承担的责任。现在，我们赶快先去医院检查一下，及时治疗才是最要紧的。"

▍"易"家之言 ▍

如果顾客真的在酒店遭到意外，不管是不是我们的责任，我们都有及时救护的义务。还应根据顾客的实际伤情，予以适当赔偿。如果顾客提出的要求有些过度，或者不合理，我们应耐心跟顾客沟通、协商，但一定要把握好尺度。

6 顾客不小心碰翻了咖啡等饮品

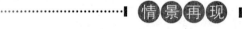
情景再现

早晨，酒店餐厅里，用早餐的顾客非常多。

不断有人匆忙地走进来就餐，有人吃饱后满意地踱出餐厅。这时，一位刚刚走进餐厅的顾客，看到靠窗处的一个座位正好被空出来，就急忙大步走过去，不料他一转身，却撞翻了摆在那个座位旁边的一张台子上的咖啡壶。

于是，满满一壶的褐色咖啡倾洒到了地上，周围的顾客全都投来诧异的目光，这位顾客顿时尴尬得满脸通红。

第 5 章
真诚服务，化解意外的尴尬与纠纷

只要出现了意外，我们首先要关心人的安危，对待顾客也是如此。比如，床单被毁了，要先看顾客是否生病了；物品损坏了，要看顾客是否被割伤了；顾客摔倒了，要看顾客是否伤了筋骨。人的生命和安全最重要，这一点毋庸置疑。

其次，要顾及顾客的自尊心和面子。顾客当众毛手毛脚，弄出了乱子，出现了意外，他必然十分尴尬，这时，酒店服务人员要做的事情就是清理现场、化解窘境，让顾客平缓心情，让周围的人恢复到正常的用餐秩序。

接下来，我们要及时跟出现意外的顾客交流、沟通，这也是一个安抚过程。对于酒店该负的责任，我们要及时道歉，缓解顾客的紧张心情，同时引导顾客坐到自己的位置，继续进行正常的消费活动。

做好上述环节之后，才是我们谈及赔偿的时候。如果顾客只是因为不小心而给酒店带来损失，这跟故意来扰乱经营秩序是根本不同的，酒店应该给予一定程度的宽容，如果损失不是太大，在可接受范围内，直接减免即可。这样处理，能很好地照顾到顾客的颜面，从而让顾客对酒店有良好印象。但是，有些时候，适当赔偿也是必要的。如何赔偿，要根据顾客的心理承受度来做相应调整。很多顾客会在乎赔偿这一意外支出，酒店可以尽量对他们进行宽让。有的顾客反而在赔偿之后心里才会舒服，这时酒店可以提出适当的赔偿额度，这个额度要在彼此谦让的范围内，不能过度。对于给酒店造成相当损失的意外，酒店可以耐心地跟顾客协商，提出一定额度的赔偿。要求赔偿的时候，要对顾客把原委解释清楚。意外就是意外，无论在什么情况下，我们都不可以伤害顾客的自尊心。

酒店服务员应该这样做

应对策略

面对这种混乱而尴尬的局面，服务人员要迅速赶过来清理现场。

同时，要有一位服务人员负责安抚造成意外的这位顾客，询问他是否被烫伤了，引领他走到就餐的座位上，解除他的尴尬处境。

至于赔偿，可以免谈了，一壶咖啡毕竟没有多少成本。

如果顾客过意不去，主动提出赔偿，在餐厅提出不用赔偿后，仍要坚持赔偿，此时就可以委婉地，甚至半开玩笑地邀请顾客在接下来的几天也来这里消费。一般来讲，在给对方带来麻烦后，对于对方的邀请，都是不太好意思拒绝的。这样既稳住了客源，还使事情得到了比较圆满的解决。

话术模块

模块1："哦，先生，没关系的。您没有烫伤吧？——好，请您到这边来，没有关系，我们很快会处理好，您不必管这边了。——请您入座，祝您用餐愉快。"

模块2："哦，先生，您没有烫伤吧？——好，我马上为您拿烫伤药来。——好，这块纸巾给您，请您擦擦衣角。我们非常抱歉。我们的客房配有洗衣服务，稍后可以叫他们给您处理一下，或者您告诉我您的房间号码，我马上就提醒客房部随后去取您的衣服。——好，请您到这边来，没有关系，我们很快会处理好的，不会影响您用餐。——请您入座，祝您用餐愉快。"

模块3：结账时："您好！今天的早餐适合您的口味吗？——哦，不必赔偿

了,您是我们尊贵的客人。如果您愿意的话,接下来的几天,我们邀请您还到我们这里用餐。呵呵,真的不必赔偿了。欢迎您再次光临。"

▎"易"家之言▎

虽然顾客给我们带来了意外,但仍然是我们的"上帝"。顾客到酒店是来消费,而不是有意制造麻烦的。因此,一旦造成意外,顾客一定会感到很尴尬。如何帮客人走出尴尬处境,也是服务人员的职责之一。

7 上菜时不小心洒到了顾客的衣服上

▎情景再现▎

几位顾客坐在餐桌前,高兴地看着一道道菜品端上来,香气四溢。他们早已饥肠辘辘,菜一端上来就立刻大口吃起来。这时,又一道香喷喷的特色菜被端了上来,顾客们笑着,看着服务员走过来,可是,当服务员把菜端过一位顾客的身侧时,这位顾客正好要站起身,一下撞到了菜盘,油腻的汤汁洒到了顾客的衣服上。

这下服务员和顾客们全都傻眼了。这种情况该怎么处理呢?

酒店服务员应该这样做

问题解析

又是一次意外。处理这类问题的关键，同样不在于赔偿的多少，而在于处理的态度。衣服的价格，污损的程度，是一个客观事实，可以依照事实的要求去解决。但具体如何解决，需要有一个合适的应对方式。

应对策略

服务人员首先要把这件事情的责任归到自己身上，以消除顾客的尴尬。然后，要积极处理问题，提出一些补救办法，或主动询问顾客处理办法。比如，可以问顾客要不要立刻清洗一下这件衣服。

如果衣服通过清洗就可以恢复原样，或者衣服不贵重，顾客也比较大度，说回家自己洗洗就得了，那么服务人员可以送给顾客一道小菜或果盘，以表达歉意。

如果衣服比较贵重，必须经过洗衣店的专业洗护，这就涉及洗护成本问题。这时，服务人员问清原委，要主动提出个人承担洗护费用。但顾客的情况也有不同。有的顾客很心疼衣服和洗护需要支出的费用，那么服务人员就要敢于承担，安抚顾客，请他用好这一餐，然后一定对衣服进行处理。还有一种情况，顾客并不太在意洗护支出的费用，他更在意服务人员处理问题的态度，那么，服务人员就要诚恳地对顾客表达歉意，同时还要表现出对这件衣服的足够重视。服务人员毕竟是在为顾客服务的过程中出的错，如果顾客不太在乎金钱开销，这件事可能这样就过去了。

第5章
真诚服务，化解意外的尴尬与纠纷

还有最严重的一种情况，就是衣服已经无法挽回，而且衣服比较贵重。面对这种情况，酒店应该跟服务人员一起调查情况，针对实情予以赔偿。对于服务人员个人承担不起的高额赔偿金，必须由酒店支付。当然，对于顾客的过分要求，酒店要与顾客进行协商解决。处理事情的整个过程应该清晰、有序，酒店应多从顾客角度考虑，毕竟顾客是消费者，在用餐过程中遭遇这样的意外，情绪肯定会受到一些影响。

处理这类问题，最忌讳服务人员因过于紧张，而一言不发，这让顾客误以为他在搞对抗或想要摆脱责任。所以，积极面对事故，真诚道歉，动脑筋、想办法解决问题，都是有效的应对方式。

话术模块

模块1："哎呀，先生，真是对不起。您没有烫伤吧？——衣服洒上了，请您等一下，我马上去拿纸巾。——您看，这件衣服怎么处理一下好？我拿去立刻清洗一下，您看好吗？"

模块2："先生，太抱歉了，您没有烫到吧？——这件衣服，您看怎么处理好？如果您同意的话，我立刻拿到洗衣房为您全面清洗一下。尽快处理，可以避免污渍去除不净。"

模块3："先生，对于因我的失误而给您造成的不便，我向您表示深深的歉意。看来，这件衣服对您非常重要，不过请您放心，如果无法清除污垢，衣服无法还原，我愿意对您做出相应赔偿。真是抱歉，给您添麻烦了。请您原谅。"

酒店服务员应该这样做

"易"家之言

从事服务行业的人,再娴熟谨慎,也难免有出错的时候。对于意外出错,服务人员不要有太大的心理负担,要主动承认错误,积极谋求解决之道。如果事情处理起来比较麻烦,酒店方面就要和服务人员一道,积极面对,做应急处理。

8 顾客与顾客相互争吵打架

情景再现

酒店大堂里,两伙顾客突然争吵起来。前台的服务员赶忙予以劝阻,她说:"对不起,先生们,请大家不要吵了,这里是公共场所,大家这样影响不好,有话慢慢说吧。"这两伙人根本听不进她的劝说,吵架的声音越来越大。服务人员继续说:"请大家文明一点,在这里吵架会影响到别的顾客,大家都是离家在外不容易,尽量不要大动肝火,好吗?"但是,这个时候,非但没有人听服务人员的劝阻,其中的两个领头的人已经开始互相推搡动起手来,两边的人马上就要跃跃欲试大打出手了。

在这两伙人的身边,摆放着花卉、古董瓶、沙发、茶几、书报架等很多物品,还有另外一些顾客见此情景,也不知道是不是还要进店办理入住,从酒店里走出来的一个孩子已经吓得哇哇大哭起来。毫无疑问,此时的情形是很危险的。

第5章
真诚服务，化解意外的尴尬与纠纷

这是任何一个服务场所都需要慎重处理的情况。

冲突的双方都与酒店没有关系。从原则上讲，如果双方不影响酒店的正常运营，酒店是不宜插手干预的，因为不适当的干预可能会惹恼一方，那也就得罪了一方的顾客。

但是，如果发生冲突的双方严重影响到酒店的正常运营，那么酒店工作人员就必须出面进行协调阻止，至少要将他们劝离酒店。如果真的发生了危险情况，本着对社会治安负责的原则，酒店要及时报警。

上述情况就属于两伙顾客已经由争吵马上要进入到打架阶段，已经严重扰乱了酒店的正常运行，妨碍了其他顾客。此时，酒店服务人员必须要出面劝说，尽量制止，努力让双方平息怒火。如果真能把事情处理得恰到好处，还会赢得这两方顾客对酒店的感激，乃至其他旁观的顾客对酒店方面的好评。

此类问题，要果断应对。通过旁观和旁听，先弄清楚顾客之间发生争执的原因，如果是与酒店有关的，要立刻出面调解，平复双方的急躁情绪，给双方一个满意的解决。如果争执的原因与酒店无关，那么在听清事情的原委后，也应该进行劝解，或提醒顾客不要影响酒店的运营，请他们离开现场，情况严重的，要马上反映给治安部门或公安部门。

酒店服务员应该这样做

话术模块

模块1："好啦（大声地，在打架的情况下，要大声才能让双方都听到声音，等顾客不再纠缠、扭打时，声音放缓），两边的顾客，真的请你们不要吵了，更不要这样动手推搡！出门在外，大家真的不必伤了和气。两边的绅士、女士都很体面，何必闹得这样不愉快嘛！——我代表酒店向你们道歉。请听我说，好吗？你们看，你们两边的顾客都希望入住朝阳的客房，可是现在只能满足你们其中的一组，房间在六层。作为调解，我们现在可以立刻腾出高层十二层的同一个方向的房间——需要说明一下，本来我们酒店十层以上的房间是加价的，因为视野开阔，观景的效果特别好，但是这次就按照预定的价格采取平价。你们当中有一方可以退让出来，以同样的价格入住到十二层岂不是更好！——好吧，所以大家不要吵了，那么，怎么分配呢？——哦，您看，这位穿蓝色衣服的先生是先来的，原来的那两套房子还是安排给他的家人吧；而这边的这位先生和女士，你们不要着急，十二层的房间马上就给你们收拾好，包你们享受到超值的享受，也谢谢你们的配合，您看好吗？——好啦，请双方都消消气，咱们都别说那些容易伤人引起误会的话，呵呵，大家既然出来碰到一起也是缘分嘛——好，请您这组顾客跟我到这边来。"把两伙顾客巧妙地分开，快速平息争吵。

模块2："对不起，两边的先生们，来宾们，请你们不要争吵了，这么多顾客来来往往地看着呢。——您看您的箱子的事，也不是吵架能够解决的，请大家都平静下来，坐下来好好说一说，尽量好好解决问题，是不是？——您说

第 5 章
真诚服务，化解意外的尴尬与纠纷

这根本不关您的事。——您说这箱子就是他撞坏的？——出门在外，难免遇到各种意外，各种麻烦，大家千万消消气，别发火，别着急，咱们看看问题怎么解决才好。你们都是我们酒店的顾客，我们非常希望能够为你们排忧解难。请让我来看一看箱子，可以吗？——这个箱子是可以维修的，在巷子里有一个维修铺。两位先生，不如先坐下来，先喝杯茶，咱们好好聊聊，事情不是不能解决的。"

模块3："请你们住手吧！已经把这块玻璃都打碎了！实在抱歉，如果你们双方实在解决不了问题，可不可以到大门外面去商谈呢？你们如果要找什么东西，请到外面去解决吧。请不要妨碍其他顾客——什么？东西在我们酒店里？那么请告诉我们是什么东西，我们会配合您查找的，好吗？（因为问题有些奇怪，立即安排工作人员报警）真的，请双方都消消气，您看，我们一起到门外边的那个台子上，慢慢把事情说清楚好吗？感谢你们的配合。"

▌"易"家之言 ▌

顾客发生争吵，必定有原因。弄清楚原因，跟酒店有关的，我们就积极予以解决，将双方劝解开。跟酒店无关的，也要在弄清原委后，积极进行劝解，并提出一些建议，毕竟事情发生在酒店里，为客人解决麻烦是高质量服务的一种体现。而解决了顾客的问题，就可以把双方都留下来，这样，酒店一方才是真正的赢家。如果遇到的问题比较严重，应积极配合安保部门向有关部门报告，这也是酒店的一份责任。

酒店服务员应该这样做

9 与顾客谈话时，突然打喷嚏或咳嗽

情景再现

前台服务员小王是一个机灵、温和的姑娘，她甜甜的微笑、麻利的动作和善解人意的应对，一向都让顾客满意。这一天，两位举止高雅、表情严肃的中年男女走进酒店询问入住的事情，小王正跟他们热情交谈时，突然打了一个大喷嚏，因为控制不住，后面又接连打了一连串喷嚏。

顾客被小王这突如其来的举动吓了一跳，立刻向后退去，然后就不知所措了。这个时候，场面无比尴尬，鼻子还在发痒的小王，应该如何应对，才能留住这对顾客，并且获得他们的认可呢？

问题解析

服务人员出现这种状况，纯属意外。酒店前台是酒店的门面，服务人员都是精挑细选的，而且必须处于一个良好的工作状态，如果她们在患病等异常状态下还处于这个岗位上，显然是不合适的。当然，上述情景也可能发生在酒店的其他场合，比如楼层服务台前，或者出现在客房服务人员的身上，这也都是不适宜的。总之，在跟顾客交谈时出现失礼行为，是比较尴尬的。

第 5 章
真诚服务，化解意外的尴尬与纠纷

应对策略

出现这种情况，首先自然是要努力化解顾客的厌烦感或是不满情绪。这时，服务人员应注意避开正面直对顾客，然后表现出柔弱的样子，一边处理自己的卫生（比如掏出纸巾擦鼻子、嘴巴等），一边轻轻地对顾客解释，表示抱歉，但是请顾客放心，自己只是过敏，不是传染性的。态度的轻松、幽默可能会化解顾客心里的不快。

处理完自己的问题，服务人员要主动把自己与顾客的距离再拉开一些，放低姿态，继续询问刚才跟顾客谈论的问题，直到为顾客解决问题。如果突如其来的病态确实让服务人员无法坚持下去，这时可以轻声道歉过后，请客人稍微等候片刻，然后返回办公室请同事接手来处理顾客的事情。

如果打喷嚏确实喷溅到了顾客，一定要非常诚恳地道歉，同时注意观察顾客的反应。如果顾客确实表示气恼，回头可以做出适当补偿，比如给顾客的房间送去一点小食品之类的。但一般来讲，顾客都是通情达理的，有爱心的顾客可能还会反过来关心你的身体。

话术模块

模块1："哎哟，真的是非常抱歉，我失礼了！不过请您放心，我这是过敏性质的，不传染。实在抱歉，您看，刚才你说的这种情况，我们可以尽快为您解决，我们也不再修理这个水壶了，干脆为您调换一个新的热水壶，这可能是目前最稳妥的办法。"

酒店服务员应该这样做

模块2:"哎呀,实在抱歉,我是不是把喷嚏都溅到您了?我这鼻子季节性过敏,不传染,不过,这样还是挺失礼的,请您一定原谅。我现在马上为您解决这个热水壶的问题。"返回后,"先生,这是一个新的热水壶,还有,因为我刚才的失礼对您造成了打扰,这袋杏干是我的一点心意,也是酒店为来宾准备的,希望您能接受我的歉意。"

模块3:"非常抱歉,先生,我不是故意的。请放心,我的鼻子是突发性过敏,不传染。其实我们酒店的服务一向都是非常周到的,请您稍候。您好!马上会有一位更优秀的经理为您服务。"转身迅速离开,让同事接待这两位顾客。

▌"易"家之言 ▌

面对顾客时,在言谈举止上突然做出失礼举动,并不是服务人员故意如此,而是一点不适或意外造成的,这个时候要善于"宽容自己"。服务人员不要惊慌,要放松,这样也可以缓解顾客的紧张情绪。同时,服务人员要对自己出现的状况向顾客进行必要的解释,积极的解释往往最容易换取谅解。

接下来,迅速判断一下自己的身体状态。如果可以继续为顾客服务,就留下来完成此次任务。而另一种可能是,服务人员感到自己的身体状况已经不稳定了,那么就请顾客稍微等候,迅速找同事替代自己接待顾客,以免刚才的尴尬情形再次发生。

第5章
真诚服务，化解意外的尴尬与纠纷

10 误将顾客的东西当作废弃物丢掉了

情景再现

顾客打电话，询问上午打扫客房时，服务员是不是把椅子上的一个塑料袋扔掉了。负责这间客房卫生清洁的服务员和楼层总管一起来到了顾客房间。经询问，服务员承认在清理垃圾时，确实把那个塑料袋扔了。因为那个塑料袋跟几个废弃的矿泉水瓶放在一起，被误认为是垃圾。

顾客非常着急，很生气，说："那里面有一叠重要的清单，我现在马上就要用，怎么可以丢掉啊？"

这时，服务员和管理人员应该怎样应对呢？

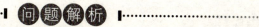

问题解析

由于服务人员的失误，把顾客重要的东西扔了，不管怎样，服务人员首先要做的都是帮助顾客挽回损失，以弥补自己的过失。

如果物品还能找回来，问题就解决了。这时候，要考虑到在时间拖延上给顾客造成的损失，要向顾客真诚道歉。如果物品找不回来了，就要询问顾客，接下来该怎么解决这个失误，是需要酒店方面继续配合做一些查找、弥补的工作,还是需要商谈一下赔偿情况。

整个处理过程中,服务人员要表现得真诚、主动,不要让顾客感觉到你要逃避责任或者根本不管他着急与否。

先心平气和地问清楚情况,然后积极想办法解决。

在损失无法挽回的情况下,跟顾客心平气和地坐下来,好好商谈一下赔偿情况。要先倾听顾客的想法和要求,因为解决问题的主动权在顾客,然后根据顾客的要求,做出理赔回应。如果是黄金、首饰等贵重物品遗失了,要先核对清楚,然后由酒店出面予以理赔。如果给顾客造成的经济损失不是直接的,而是间接的,要仔细把事情商谈清楚,再酌情理赔。

如果顾客大度,不要赔偿,酒店要对顾客给予一定的礼仪表示,如打个折扣或送个礼物等。

话术模块

模块1:"您好!事情我们问清楚了。非常抱歉,因为我的工作失误给您造成了麻烦。我会跟您一起争取把东西找回来,您看,首先我们……,然后……您看好吗?"(物品找回来了)"幸好找回来了,以后我一定会多加注意。不管怎么说,这次给您带来了麻烦,我真的很抱歉,您看这份特产是我送给您的小礼物,以表示我深深的歉意。请您谅解。"

第 5 章
真诚服务，化解意外的尴尬与纠纷

模块2：（物品实在找不回来了）"您好，先生，我心里非常难过和愧疚，我愿意承担由此给您造成的损失，让我们好好协商一下吧，您看您有什么要求，请尽管提。"

模块3："您看，我们是本着宾至如归的原则为您服务的，但这次出现了意外，对此，我非常抱歉。现在，您的物品找不回来了，我们希望好好商谈一下赔偿办法，做出一个让您满意的解决方案。"

"易"家之言

出现过失，一定要主动承担责任。在积极配合顾客进行挽救，发现无法挽救之后，酒店和服务人员要敢于承担责任。因为如果你不承担责任，那由此带来的损失就要转嫁到顾客身上。要知道，我们的宗旨是让顾客在酒店里住得舒服、满意，有回家一样的感觉。如果酒店方面推脱责任，不愿承担，那就与服务宗旨背道而驰了。这样的酒店也不值得顾客信赖。

11 顾客提出的问题自己不清楚时，怎么回答

情景再现

在宽敞明亮、豪华气派的酒店大堂里，一位衣冠楚楚的顾客迎面走向总服

酒店服务员应该这样做

务台，脸上充满期待，他前来询问服务员，去市内的一家主题餐厅怎么走。这可叫服务员为难了，她虽然正满面热情地准备为顾客服务，但对于顾客询问的这家餐厅，她似乎听说过，又似乎没有听说过，印象中它位于一个地方，可一时又想不起来是什么地方。于是，服务员低下头，皱起眉头思索着。

面对这种情形，如果是我们站在服务员的位置上，应该怎么处理呢？

回答顾客提出的问题，一定要清晰、准确，如果一时想不起来，可以请顾客稍微等候，转身询问一下别的工作人员，总之直到为顾客解决问题为止。

如果是酒店服务范畴内的问题，服务人员当然应该准确地予以回答，如果这一次没有回答上来，过后也应该补上功课；而如果是一个平时不太被注意的问题，或者是关于酒店以外的事情，虽然不在服务范围之内，但可以理解的是，顾客前来向你询问，可能是他初到这座城市，既不熟悉市内情况，也不认识这里的人，所以，酒店真的就成了他的家了。而宾至如归的服务，就是要负责解答顾客在这里遇到的一切问题。

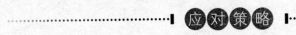

仔细想一想，看看自己能否做出回答。如果不能，可以询问身边的其他工作人员是否了解顾客想了解的情况。还可以借助电脑网络、手机移动网络及电

第5章
真诚服务，化解意外的尴尬与纠纷

话信息台等手段，积极为顾客查找信息。总之，作为东道主的酒店，如果积极调动起各方资源，总是能够为顾客排忧解难的。

对自己弄不清楚或不知道的事情，一定不要胡乱回答，以免给顾客造成误导。这是最不负责任的做法。

话术模块

模块1："哦，您是说餐厅早上结束营业的时间啊？这个我还真没有注意——很抱歉，这是我应该知道的，我只注意到餐厅在早上六点半开始营业，一般可以吃到您想吃到的时间，呵呵（借机询问其他工作人员）哦，搞清楚了，早餐一直营业到十一点，而午餐在十一点半就开始了，所以一般上午要就餐的话，在任何时间基本都是方便的。"

模块2："哦，您是说十一层楼尽头的那个箱子的作用吗？抱歉，这个我还真不清楚。如果您非常想了解这个情况，我可以给十一层的管理员打一个电话，请您稍等。"

模块3："哦，先生，抱歉，您说的这家主题餐厅，我似乎听说过，但具体在什么位置，一时想不起来了。这样，我可以帮您问问其他同事，请您稍等。"

▎"易"家之言 ▎

服务无巨细，奉献无大小。对于顾客非常想弄清楚的问题，服务人员在自

酒店服务员应该这样做

己不清楚的情况下,要积极帮助顾客查明。切不可不知道装知道,胡乱做出回答,也不可不把顾客的问题当回事,以自己不知道为由,轻易把顾客晾到一边。回答顾客的各种提问,我们需要具备的是诚心、信心和耐心。事实上,妥善地为顾客处理问题,排忧解难,正是拉近与顾客之间的距离,争取顾客认可酒店的好机会。

第 6 章
CHAPTER 6

结账，并不意味着服务的结束

有些服务员认为，顾客结账了，服务工作也就随之结束了，其实并不是这样的。结账，只是酒店服务中的一个环节，在顾客结账过程中，或者顾客结账之后，我们还有很多问题需要解决。

第6章
结账,并不意味着服务的结束

 我经常光顾你们酒店,这次能不能给打个折

前台服务员小张正在忙碌地接待顾客,这时候有一位老顾客匆匆走过来。

客人:"服务员,你们酒店对入住的老顾客有优惠折扣,是吧?"

小张:"是的,先生,入住六次以上的顾客,我们会给打七折。"

客人:"我好像正好入住六次了,你看能不能打个七折?"

小张:"好的,先生。但是我们需要查看一下您的客房记录。"

小张看完客房记录后说:"先生,不好意思,您只住了四次,没有达到打折的要求。"

顾客很不高兴:"我住了四次了,也算是老顾客了吧,差两次就不能打个折吗?"

小张也不高兴了:"先生,这是我们酒店的规定,我也没办法!"

顾客:"什么酒店规定,我都住了四次了,一点优惠也没有,下次不住你们酒店了!"

酒店服务员应该这样做

问题解析

尽管没有达到酒店规定的入住次数,但顾客想让服务人员给打折,服务人员小张却犯了一个错误,那就是,当顾客说自己是老顾客,好像住了六次的时候,她纠正说是四次,这让顾客很没面子,尤其是旁边有其他顾客在场的时候。而后面小张用酒店的规定做挡箭牌,把酒店推向了不好的一面,更让客人反感。可见,服务人员的措辞稍有不当,就会造成客源的流失。

对于顾客的一些特殊要求,服务人员有时可能不能马上办到,但也绝不能马上拒绝,要尽量想办法满足顾客的要求。

应对策略

对于酒店,保持老顾客的回头率,有着巨大的价值和意义。一位满意的老顾客会带来一系列好处:光临次数更多,对酒店忠诚度高;愿意购买酒店的新产品;主动向周围的人说酒店的好话,帮助酒店介绍其他顾客;忽视竞争酒店的广告,对价格不敏感;像老朋友一样乐意给酒店提出一些好的建议;与新顾客相比,降低了营销费用和服务成本。而要使老顾客不流失,关键就是要让老顾客满意。所以,如果不能让老顾客满意,会给我们带来很大的损失。

正因为如此,很多酒店都有自己的会员卡或相关的体现顾客身份的优惠卡,若顾客没有此卡,服务人员也一定要给足顾客面子,在我们的权限范围内,可以适当给予相应的折扣,并主动为顾客办理此卡。若实在没有折扣或酒店没有优惠的规定,我们也应给顾客找个台阶,如赠送优惠券、小礼品等,让顾客

第6章
结账，并不意味着服务的结束

感到酒店对他们很重视，已经把他们当作老朋友了。这样做最能体现老顾客的价值。

话术模块

模块1："先生，您好！我知道您是老顾客了，但是这客房记录上还没有达到酒店规定的入住次数，不过不要紧，您作为老顾客，我想酒店还是要给予相应的优惠的。对于七折，我确实是做不了主，这样吧，我向领导请示一下，看看能不能帮到您！"

模块2："是啊，先生，我记得您，非常感谢您再次光临我们酒店。说实在的，您是我们的老顾客，按道理我们应该让您每次来都得到相应的优惠的。不过嘛，我们酒店这个七折的优惠是按照严格的规定来执行的，您这个刚好差那么一两次，不过这不要紧，下次过来就够了，还请您多多包涵。这样，我们最近正在做活动，对于经常光临的老顾客，我们会送一件非常实用的小礼物，您看要不要挑选一下？"

模块3："先生，非常感谢您经常光临我们酒店。说实在的，我真的有点不好意思，您是我们的老顾客，按道理我应该给您打折，可我们在价格上都是统一的。不过请您放心，我们酒店最近开设了老顾客积分优惠活动，我现在就给您办理一张会员卡吧，您的消费情况会累计在您的卡里面，这样您的积分累计到一定数额后，就可以享受我们更大的优惠方案了。现在您告诉我您的手机号码，我帮您登记一下，好吗？"

酒店服务员应该这样做

▌"易"家之言 ▌

顾客要求打折，是酒店经常遇到的问题。无论是新顾客，还是老顾客，都想得到更多的优惠，新顾客常用的招数是，说自己认识酒店的老板，老顾客就比较直接了，希望得到更多的优惠。不论情况怎么样，我们首先要做的就是把面子给足，显示出对顾客的重视。

2 结账单出现错误，顾客不愿付账

▌情景再现 ▌

在结账柜台里，收银员和一位顾客正在查看一张账单，顾客觉得这次的消费额度没有这么高，于是开始跟收银员理论起来。

顾客拿着账单说："你看，没有这么多啊。这一项是怎么回事？"

收银员指着屏幕说："电脑上显示的就是这么多，我是按照你们点菜的菜单来计算的。"

顾客拿起菜单核实，果然发现一个错误。原来，顾客在点菜之后，突然改变主意，说退掉之前点过的一个菜，于是服务员马上告诉厨房不做那道菜。但是单子已经打出来了，服务员忘了在单子上删除这道菜的价格，结果就多算了消费总额。

顾客把上述情况告诉了服务员，服务员上前接过单子一看，发现确实是自

第6章
结账,并不意味着服务的结束

已出了错,于是叫收银员把多余的钱款退还给了顾客。但是,顾客还是有些不高兴,走的时候说:"你们啊,这么干,迟早会把客人吓跑的。"

服务员把顾客送出门口,说:"对不起,一场误会,再说也把钱退还给您了。"

顾客一听,更不高兴了,回头看了一眼服务员说:"以后绝不来你们这里吃饭了,简直是无理取闹。"

问题解析

直接把钱退还给顾客,事情就算了结了吗?其实,在顾客心里,这件事并没有了结。如果自己没有认真核对账单,酒店是不是就堂而皇之地多收了顾客的钱?谁知道酒店是不是故意的呢?经此一番,顾客对酒店的信誉,至少是服务质量,已经产生了怀疑。从另一个角度说,顾客也许不在乎钱,而是需要一个说法,这就需要服务人员拿出一个诚恳的认错态度。

顾客提出异议,收银员一个劲地推卸责任,让顾客觉得这是一种纯粹的买卖,不能感觉到半点"被服务"的氛围。后来,服务人员虽然把钱退还给顾客,但这又让顾客觉得自己变成了只关心钱的人,所以还是很生气。最后那句简单的对不起,根本就难以平息顾客内心的不满。凡此种种,最终造成了客源的流失。

酒店服务员应该这样做

应对策略

当顾客认为结账单出现错误时，服务人员首先要做的不是推卸责任，而是迅速搞清楚结账单错在哪里，并努力帮顾客稳定情绪。

收银员要先稳定顾客的情绪，然后再仔细查看账单。如果账单没有问题，也不要着急说你就是对的，而是要找到服务人员，让服务人员来核对账单，因为问题也有可能出在服务人员身上。此时，一定不要让顾客自己去找服务人员核对，这样做给人的感觉是收银员态度不积极，在推卸责任，进而会让顾客联想到这家酒店对待顾客的态度不诚恳。

如果服务人员只是帮助核实，然后把多收的钱退还给顾客，再简单地说一声对不起，顾客心理上并不会因此得到平衡。服务人员要用实际行动为这件事负责，对顾客的道歉要诚恳，多倾听顾客的批评，要向顾客耐心解释。只有让顾客找到了心理上的平衡，顾客才能恢复对酒店的信任，事情才算真正得到化解。

话术模块

模块1："先生，您好。您是说结账单出现错误了，是吗？请不要急，这样吧，您先坐下，我给您倒杯水，我先弄清楚，等一会儿我回来跟您汇报。因为今天顾客很多，很有可能是我们弄错了，让我先去核对一下。来，您请稍候，我这就查一下，真是不好意思。"

模块2："先生，您好。真不好意思，是我们搞错了，您稍等，我到收银员那里给您重新结算一遍。"（核实完毕后）"先生，不好意思，的确是我们搞错了，

第6章
结账,并不意味着服务的结束

这是找给您的零钱。为了表示我们的歉意,也感谢您对我们酒店的支持,我特意向经理申请了一个小礼物送给您,希望您能喜欢,能谅解我们的失误。"

模块3:(服务人员找来大堂经理,向顾客道歉,这样显得顾客很有面子。因为一个服务人员道歉和一个大堂经理道歉给顾客的感觉是不一样的)"先生,您好,真的很抱歉,我们的服务人员把您的结账单搞错了,对此我代表酒店全体服务人员以及收银员向您道歉。也很高兴您及时给我们指出了错误,让我们有机会意识到自己的缺点在哪里。欢迎您下次光临,继续对我们的工作进行监督。"

"易"家之言

顾客来酒店消费,更在乎酒店的服务态度,在乎消费时得到公平待遇。当酒店把顾客的结账单搞错之后,真诚地向顾客道歉,并如数退还多收的钱,这种用心方式是可以得到顾客谅解的。

3 顾客离开酒店后返回,说物品有遗失

在酒店大厅里,一位顾客跟一位服务员争执起来,服务员觉得自己很冤枉,因为顾客说服务员不负责任,把他的物品弄丢了;而服务员觉得这事跟自己没

酒店服务员应该这样做

有关系，那是顾客自己的物品，而且酒店也贴有醒目的标语——请您保管好私人物品，以免丢失。

顾客说："那你得给我个说法啊，你不能说不是你的责任啊，我是在你们酒店丢的物品，你们酒店总得负责吧。"

服务员说："我已经帮您问过了其他服务员，他们也说没有见过您说的那件物品，我真的没法继续对您负责了，我的责任只能做到这样。"

顾客很生气，当然也知道继续这样纠缠下去也不是个办法，于是骂骂咧咧地走了。走出酒店门口的时候，还回头往里叫道："你们这家酒店是我见过的最差劲的酒店，以后再也不来你们这里消费了！"

问题解析

对于一些突发事件，酒店是没有能力帮助顾客解决的，比如顾客的钱包被偷了，或者出现伤人事件，等等。类似这样的事情，已经超出了酒店的权限范围。但是，顾客非要让服务人员负责，那是因为服务人员没有表现出足够的热情，来帮助顾客解决这件事。酒店对于无权解决的问题，却仍有责任协助顾客寻找解决途径。

应对策略

当顾客在酒店遇到特殊情况时，服务人员首先应该想一下，顾客遇到的事

第6章 结账，并不意味着服务的结束

情是不是自己责任或者能力范围内的，如果不是，就要负责帮助顾客去向其他机构寻求帮助。所以，在这里，服务人员所扮演的角色不是帮助顾客寻找遗失物品，而是帮助顾客报警，协助警察查找遗失物品，并尽量安抚顾客，让顾客保持平静，不要在慌乱之中再发生其他意外。当然，为了避免影响其他顾客，服务人员应该邀请顾客到一个相对僻静的地方进行交流。

话术模块

模块1："先生，您好。您先不要着急，您这边请，我们到安静的地方把情况说清楚。——您是遗失了什么物品？我马上询问酒店的工作人员，看看他们是否看到过。（搬来凳子）先生，这样，您先坐，我去询问其他工作人员。如果有人看到，我马上给您送过来。如果没有人看到，我们再想其他办法解决，请不要着急。"

模块2："您好，是很贵重的物品吗？如果是很贵重的物品，我看我们得报警了，因为我们没有权力搜查其他顾客。不过我可以问问我们酒店的其他工作人员，看他们有没有捡到。这样，您先在这里等一会儿，我先去问一下其他工作人员。您也仔细回忆一下，刚才您都去过哪里，我好派人去帮您找一找。"

模板3："您好，您先别着急，我立刻去报警，另外我们酒店的工作人员也会留意您刚才所描述的物品。（警察来了，服务人员协助警察在酒店内调查，并安慰顾客）先生，太着急也不好，您放心吧，相信警察会帮您找到物品的，有什么需要帮忙的，或者突然想起什么，您可以跟我说，我一定会尽全力帮助您的。"

酒店服务员应该这样做

"易"家之言

不管什么时候,只要顾客遇到了麻烦,服务人员就有义务去帮助顾客排忧解难,即便不是自己能力和职责范围内的事情,服务人员也要协助顾客找到相关负责人。服务人员为顾客的事情付出自己的一份努力,顾客会很感谢他的奔波。有时,个人的表现会直接反映出一个整体的形象,顾客会因个人而看到整体,会对酒店留下良好印象。

4 结账时顾客没有带够现金

情景再现

几位顾客吃完饭,结账时发现自己带的钱不够,还差十几块钱,于是跟收银员说:"你好,我今天带的钱不够,还差十几块钱,你看能不能下次来的时候再给你们补上?"

收银员说:"先生,真的不好意思,我们这里不赊账的,我们也互相不认识,我不能私自做主,而且酒店也规定不能赊账。"

这时,服务员走过来了,跟顾客说:"您钱不够啊,那怎么办?要不您押点什么东西吧,待会儿您回去拿钱来补齐,怎么样?因为我们这里是不赊账的。实在不好意思。"

这时顾客生气了,骂骂咧咧地说:"你们这里怎么这样?你看我是那种吃饭

第6章
结账，并不意味着服务的结束

不给钱的人吗？这么不相信人，我有必要为了十几块钱赖你们的账吗？我今天只是忘了带够钱而已，出门着急。你们这酒店就是这么服务的？"

服务员解释说："不是的，您误会了，这是酒店的规定，不是针对您个人。"

最后，没办法，顾客只好把自己的手机押在前台，然后回家拿钱来换回手机。但是顾客表示，以后再也不会来这家酒店消费了。

上述情景中，服务人员只是一味地强调公司规定，毫不顾及顾客的实际情况，这样生硬的说辞，听起来很没有人情味，会让人心里不爽。因为没有带够钱，顾客已经觉得很没面子，此时，服务人员哪怕在言语上体谅一下也好，可是，正相反，服务人员不但不安慰，反而还一个劲地要顾客留下抵押物，这种处理也怪不得顾客要开骂。事情处理成这样，指望顾客下次还能光临，基本是不可能的了。

服务人员遇到顾客说没带够现金的情况，是最为难的，如果放走顾客，导致他不再支付余下的账款，酒店会损失利益，如果强硬要求顾客付完账，也会让顾客为难，毕竟顾客没有带够钱。

遇到类似问题，服务人员要记住一点：不管什么时候，都要站在顾客的角

酒店服务员应该这样做

度考虑问题,为顾客排忧解难。同时,还要让顾客知道,这是酒店的规定,不付钱不行。但是,服务人员一定要努力为顾客找到一个可以解决问题的办法。当然,在寻找解决办法时,要顾及顾客的面子,不要让顾客觉得此刻很难堪,毕竟这是尴尬的事情。如果顾客生气了,说出不理智的话,也会影响到其他顾客,对酒店的影响不好。所以,服务人员要把握好这个度,让事情得到圆满解决。

话术模块

模块1:"(语气温和,小声跟顾客说)先生,是这样的,原则上我们酒店是不赊账的,但是我知道您很为难,您在这里稍等,我去跟大堂经理商量一下,相信我,我会帮您搞定这件事的。(过了一会儿,服务员跟大堂经理商量好)先生,是这样的,我跟经理商量了一下,经理出了一个主意,他说十几块钱,就不要为难您了,请您留下电话号码,以后如果您还继续来我们酒店消费,您可以下次来时,再补齐这次剩余的账。要您留下电话号码的意思是,我们酒店方便给您发信息,告诉您哪天有什么特别活动。您如果参加我们的活动,作为老顾客,就可以享受我们的优惠了。"

模块2:"先生,您好,您是没带够现金吧?我是服务员,我很乐意为您服务。如果您家不远,可以下次来的时候再付,我先帮您垫付这十几块钱。但是,如果您能向您的朋友先借点钱补上,这样可能会更好。您看怎么样比较方便?(对方向他朋友借了钱)好的,谢谢先生,以后您就是我们的老顾客,下次来,我一定向主管申请给您优惠。谢谢您的理解。"

模块3："先生,我们也可以刷卡,如果您方便,我们可以帮您刷卡,那就不用麻烦您下次再跑一趟了。如果您觉得刷卡不太方便,那没关系,下次过来的时候再补齐也是可以的,不过,服务员要因此被扣掉五十元钱。您看,您还能想到其他办法吗?(如果有卡,顾客会选择刷卡,如果没有卡,也不要再为难顾客了。)"

"易"家之言

当顾客没带够现金的时候,可以给顾客几种选择,比如刷卡,或者向朋友借,一定要委婉地提出建议,给足顾客面子。在说话的过程中,服务人员也要阐明酒店的原则,不能一味地让步,让顾客不付钱就走人,这样酒店会受到损失。总之,服务人员要帮助顾客想出一个可行的办法,把账单给结了。

5 顾客刷卡时发现是无效卡

情景再现

顾客在前台结账时,服务员发现卡是无效的,于是跟顾客说:"先生,您的卡用不了。"

顾客不太信,有点生气地说:"怎么可能,你再刷一下。"

服务员说:"已经刷了好几次了,麻烦您再换一张卡吧,或者付现金也行。"

酒店服务员应该这样做

顾客刚刚喝了点酒,听了服务员的话,明显有些不高兴,叫道:"你们这些服务员真是烦,怎么会刷不了呢?来,拿去吧,看看这张行不行。"

服务员帮顾客结完账,这位顾客仍然感觉不爽,觉得服务员不懂事,骂骂咧咧地走出了酒店。

问题解析

顾客的银行卡失效,此时,如果服务人员在说话时语气、用词不够谨慎,很容易让顾客产生错觉,感觉自己被藐视了。顾客会觉得,服务人员在故意让他难堪,即便他还有其他银行卡,也不会很乐意配合拿出来使用。所以,看似很简单的一个问题,如果说话方式不合适,很容易把事情搞砸。

应对策略

服务人员应该很委婉地告诉顾客,或者以提醒的口吻告诉顾客,银行卡失效了。当然,在人多时,尽量不要当着顾客的朋友的面说他的银行卡失效,要给顾客留面子。另外,顾客永远都是"上帝",即便服务人员已经试了好多遍,证明卡是失效的,如果顾客还说要试一遍,服务人员还是要再试一遍,这样顾客会觉得你在听他的话,这样他才会乐意主动配合你。

话术模块

模块1:"先生,您好,实在不好意思,不知什么原因,您的卡老是刷不上,我检查了一遍机器,机器是没问题的,如果您方便的话,请换一张银行卡,好吗?"

模板2:"先生,您确定这张卡能用吗?刚才我刷了几次,好像没有刷上哦,要不您再确认一下,是不是拿错了银行卡?像您这样的顾客,一定有很多张银行卡,我遇到过很多顾客就是这样,他们自己都分不清哪些卡还可以用了。要不您再换一张,我试试看行不行?"

模板3:"您好,实在不好意思,您可能要换一张卡,估计您没留意这张卡,这张卡已经无效了。(再刷一次)您看,还是刷不上,要不您还是换一张吧,用现金支付也是可以的。您看,什么方式您比较方便?"

"易"家之言

不要直接冲口说出那些让顾客感到尴尬的话,要换一种方式跟顾客沟通。比如,直接说顾客的卡是失效的,就不如说是不是拿错了,听着更让人舒服,虽然表达的都是同一个意思。在服务行业,与顾客沟通交流时,语气温和委婉绝对胜过语气生硬直接,这一点非常重要。

酒店服务员应该这样做

6 结账时发现假币，如何解决

■ 情景再现 ■

顾客在用完餐后开始结账，想不到，顾客给出了一张假币，服务员验证这是张假币后，不知该如何是好，只好对顾客说："先生，您这张是假币，要不然您换一张吧。"

顾客听了一愣，有些生气，说："怎么会这样？你确定是假币吗？"

服务员说："没有错的，这确实是一张假币。"

顾客很不高兴，但这的确是假币，没办法，只好很不情愿地收回假币，重新换了一张。当服务员送顾客离开餐厅时，顾客一脸的不乐意。

这次经历叫他如此难堪，他以后还会光临这家酒店吗？

■ 问题解析 ■

顾客得知自己有一张假币时，心里已经不太高兴，而服务人员又把这件事情说得太直白，这会让顾客感到尴尬。已经很尴尬了，服务人员仍然揪着"假币"这件事喋喋不休，顾客会更加窘迫，也会更加恼火。这种情绪又不好直接表现出来，只能在心里憋着。在结账即将离开时出现这种情况，本来美好的用

第6章
结账,并不意味着服务的结束

餐心情被破坏了,顾客心里对这家酒店自然有芥蒂。还指望他能够成为酒店的常客,就很难了。

服务人员收到假币后,不应该大吵大嚷地说顾客的钱是假的。如果旁边有别人,可以委婉地跟顾客讲,这张纸币不能用。根据国家法律规定,发现小金额假币,可以劝说顾客上交银行,服务人员也有这个义务。但是,也不能得罪顾客,所以服务人员只能向顾客提出建议。

碰上假币,顾客已经很不高兴了,服务人员此时要对顾客表示同情,但也要让顾客清楚服务人员也很为难、很无奈。只要让顾客觉得服务人员已经在为他着想、为他尽力了,后面才会更好地配合服务人员的工作。

话术模块

模块1:"先生您好,不好意思,您可能收到了一张假币,您现在给我的这张就是假的。要是方便,您再换一张给我吧。实在不好意思。按照规定,我应该提醒您,不如您把它交给银行吧,出门口左转就是银行。您看,以后收钱要这样检验一下,您遇到这样的事情,我也感到很遗憾。"

模块2:"先生,真是抱歉,您好像收到了一张假币。现在假币出现得很多,真的要当心,我们这里也经常会收到假币。按照规定,收到假币,我们要建议顾客上交到银行,这附近就有银行,您可以上交到银行。要是方便的话,请您再换一张给我吧。您要是还记得谁给您的这张假币,可以再找他换回来,要不然,对您来说也是一个损失啊。对此,我也感到很遗憾。"

模块3:"先生,您这张纸币好像不能用,检索了好几遍,没法识别是真币,恐怕您是收到假币了。方便的话,您再换一张给我,好吗?真的很抱歉,您也因此遭受了损失。您要是还记得是谁找给您的,建议您去找他。不过也还好,这张的面额不是很高。附近有银行,您可以拿到银行再去鉴定一下,也许我们这里还不够专业。"

"易"家之言

收到假币是一个很严肃的问题。根据国家法律规定,小额假币要提醒顾客上交银行,这是服务人员应该了解的。另外,为了照顾顾客的情绪,服务人员要委婉地告诉顾客假币的事情,安抚顾客,并对顾客表示同情。如果方便,服务人员还可以教顾客一些识别假币的窍门。

7 顾客要求多开发票,应该怎么应对

情景再现

一位顾客站在收银台前要求开发票,当服务员开出了发票后,顾客开始跟

第6章
结账，并不意味着服务的结束

服务员说："你好，能不能多给我开点发票？我要发票有用，我也是经常来你们这里消费的，帮帮忙吧。"

服务员听到要多开发票，一口拒绝："这个真的开不了，我们有规定的，而且我也做不了主。"

顾客有些生气："你们就这样对待一位老顾客啊？多开一点发票而已，无大碍的，你就想想办法吧。"

服务员还是那句话："先生，真的不好意思，我真的开不了，就算您来这里消费一千次，也是消费多少开多少发票。"

顾客生气地说："你这个服务员怎么回事啊，怎么就这么木讷呢？算了，以后绝不会再来你们这里消费了，没见过这样的酒店，就多开一点发票，这么点小事儿，有那么难吗？"

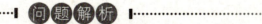

服务人员当然不能乱给顾客多开发票，无论是增加发票上的数额，还是多增加一张发票，都会给酒店带来损失，也破坏财务制度。但是，在顾客提出这样的要求时，服务人员不能这般无情地拒绝。"来这里消费一千次，也是消费多少开多少发票"，这句话说得太绝对了，没有一点儿人情味，谁听了都会不舒服。所以，即便顾客接受了服务人员不多开发票的行为，也难以接受服务人员这样生硬的服务态度。得罪了顾客，顾客自然很难再光顾酒店。

酒店服务员应该这样做

● 应对策略 ●

服务人员应该如实告诉顾客，酒店规定不能多开发票。如果是老顾客，服务人员可以通过其他办法来安慰顾客，让顾客觉得自己享受到了老顾客的待遇。如果是新顾客，服务人员应该委婉拒绝，并表示因为对顾客的要求无法满足而感到遗憾。

话术模块

模块1："您好，真的不好意思，我也想多给您开点发票，但是财务规定是很严格的，酒店不能多开发票啊。当然您是我们的贵宾，您今天的消费也不少，要不您看这样行吗，我向大堂经理申请一下，请他给您送个小礼物，感谢您对我们酒店的支持。请问您是喜欢钥匙挂件，还是喜欢布娃娃呢？"

模块2："先生，真是很不好意思，多开发票这件事我真的没办法帮到您。不过我可以送您一张优惠券，下次来消费的时候可以打折，您看行吗？"

模块3："您好，真的很抱歉，我真的没法多开发票，机器上已经显示出固定金额了，多开的话，就得从我的工资里扣了。要不然这样，我看您消费也不少，我跟经理说一下，叫他送给您一张优惠券，您看行吗？也谢谢您对酒店的支持，下次来的话，还可以享受打折优惠。好的，那请您稍等，我去跟经理说一下，马上回来。"

第6章
结账,并不意味着服务的结束

▎"易"家之言 ▎

如果顾客提出违法的事情,不管什么时候,服务人员都不能答应。但是,服务人员在处理问题的态度上,仍旧要把顾客视为"上帝",无论遇到什么事情,都不能指责顾客,而是要进行委婉劝说,采取一些安抚的办法,尽量让顾客获得心理上的平衡。顾客来酒店消费,一定要让顾客享有一份愉悦的心情。

酒店企业属于服务行业,而服务行业的发展状况与企业的服务质量密切相关。随着人们的物质生活水平的不断提高,精神需求的不断扩张,消费者对于酒店的服务质量的要求就会变得更加严格。酒店行业为了在市场竞争中获得优势地位,就必须不断提高和加强本企业的服务质量,而酒店服务人员的素质会直接影响到酒店的服务质量。所以,酒店服务员素质是酒店在激烈的市场竞争中能否处于优胜的决定因素。

随着经济的发展,中国酒店业进入了快速发展时期,规模不断扩张,设施档次逐步提高,竞争日益加剧。酒店的竞争在很大程度上要归结为酒店服务质量的竞争。酒店服务水准的高低,取决于酒店服务所能满足宾客需求的程度,即服务质量。要提高服务质量,就要对酒店服务进行有效的管理,建立科学化、

酒店服务员应该这样做

专业化、标准化的全面服务质量管理体系。服务质量管理是酒店获得竞争优势的关键,而决定服务质量的关键因素就在于员工的素质。酒店员工的职业素质是提高酒店服务水准、加强酒店市场竞争力的关键因素。可以说,一个酒店,最难得的不是雄厚的资金、高档的设施,而是一支基本素质过硬的服务队伍。

目前,我国酒店服务人员的专业化素质普遍不高,无法满足消费者的需求。

为提高酒店服务人员素质,我们有必要让员工积累更多的服务常识,并通过实践训练提高服务人员的综合素质。

酒店是一个特殊的行业,它所提供的产品就是服务。酒店业的服务质量,归根到底取决于员工的职业素质。顾客在酒店受到员工真诚的欢迎、快捷有效的服务、无微不至的关怀,自然会成为酒店的"忠实顾客"。高素质的酒店员工通过提供优质服务,为酒店吸引"回头客"提供了可能。同时,服务业是社会的窗口,酒店服务人员的辛勤付出既能提高酒店的经济效益,有利于酒店竞争力的增强,也会提高酒店的社会效益,为打造和谐社会做出一个劳动者无私的奉献。